T0195042

Das Happy Life Construction Manual

Peter Postinett · Frederic Adler ·
Jürgen Schmitt

Das Happy Life Construction Manual

... für ein glückliches Leben

 Springer

Peter Postinett
Heidelberg, Deutschland

Jürgen Schmitt
Schönau, Deutschland

Frederic Adler
Augsburg, Deutschland

ISBN 978-3-662-49435-6   ISBN 978-3-662-49436-3 (eBook)
DOI 10.1007/978-3-662-49436-3

Die Deutsche Nationalbibliothek verzeichnet diese Publikation in der Deutschen Nationalbiblio-grafie; detaillierte bibliografische Daten sind im Internet über http://dnb.d-nb.de abrufbar.

Planung: Marion Krämer

Gedruckt auf säurefreiem und chlorfrei gebleichtem Papier.

Springer-Verlag GmbH Berlin Heidelberg ist Teil der Fachverlagsgruppe Springer Science+Business Media
(www.springer.com)

„Das Wunderbarste an den Wundern ist, dass sie manchmal wirklich geschehen."
Gilbert Keith Chesterton (*29. Mai 1874 bis 14. Juni 1936)

„Trenne dich nicht von deinen Illusionen. Wenn sie verschwunden sind, wirst du weiter existieren, aber du wirst aufgehört haben zu leben."
Samuel Langhorne Clemens (Mark Twain) (*30. November 1835 bis 21. April 1910)

„Die letzte Schlussfolgerung der Vernunft ist, dass sie einsieht, dass es eine Unzahl von Dingen gibt, die ihr Fassungsvermögen übersteigen. Sie ist nur schwach, wenn sie nicht zu dieser Einsicht gelangt."
Blaise Pascal (*19. Juni 1623 bis 19. August 1662)

Vorwort von Peter Postinett

Es erstaunt mich immer wieder, wenn ich in Gesprächen mit Mitarbeitern feststelle, dass die allermeisten Menschen sich bisher niemals wirklich mit ihren persönlichen Zielen auseinandergesetzt haben. Einerseits investieren Unternehmen sehr viel Zeit und Weiterbildungsmaßnahmen in die alljährlichen Zieldefinitionen und Budgetverhandlungen, andererseits sind es die gleichen Menschen, die zwar als Mitarbeiter in ihrer Firma Ziele, Projekt- und Maßnahmenpläne erstellen und bis ins kleinste Detail durchplanen, sich im Privatleben aber oft einfach treiben lassen. Müsste es nicht gerade in unserem persönlichen Bereich oberste Priorität haben, die eigene Zukunft zu planen und zielgerichtet an der Verwirklichung unserer Vorstellungen zu arbeiten? Warum haben (fast) alle Firmen eine genau definierte Vision und eine Mission, mit deren Hilfe verschiedenste Bereiche koordiniert werden und Entscheidungen getroffen werden können, die auf dieses eine große Ziel ausgerichtet sind, während Privatpersonen in den seltensten Fällen eine genaue Vorstellung davon haben, wo die Reise überhaupt hingehen soll?

Es geht in diesem Buch darum, diese Fragen zu beantworten und sich über die eigenen, ganz persönlichen Ziele und Vorstellungen klar zu werden. Wie kann man sich zu genau dem Menschen entwickeln, der fähig ist, die gesetzten Ziele auch zu erreichen? Das ist nicht einfach, aber mit einer verständlichen Anleitung und einer in zahllosen Unternehmen und professionellen Projekten erprobten Methodik erreichbar. Ich habe dieses Buch auf der Grundlage von über zwanzig Jahren Erfahrung in der Mitarbeiterführung und in der Durchführung großer Projekte geschrieben, Dr. Frederic Adler hat diese Erkenntnisse soziologisch und psychologisch aufgearbeitet und das Konzept des „Focused Thinking" eingewoben. Jürgen Schmitt hat seine langjährigen Erfahrungen und Erkenntnisse aus dem Trainingsbereich eingebracht. So ist ein verständlicher Leitfaden entstanden, der dem Leser hilft, Ziele zu definieren und diese auch umzusetzen.

Peter Postinett, November 2015

Vorwort von Frederic Adler

Das vorliegende Buch verbindet auf verständliche und gut anwendbare Weise verschiedene Konzepte. Peter Postinett wendet seine langjährige Expertise und Erfahrung in Unternehmens- und Personalkonzepten bzw. -maßnahmen auf die individuelle Lebensgestaltung an. Trotz der Herkunft aus einem eher betriebswirtschaftlichen Bereich lassen sich die verwendeten Konzepte und Empfehlungen sehr gut aus soziologischer und psychologischer Sicht begründen. Zentral ist natürlich dabei die Einsicht, dass Menschen ihre Welt konstruieren, was dem Paradigma des Konstruktivismus entspricht. Viele Erkenntnisse lassen sich gut mit Konzepten aus verschiedenen psychologischen Disziplinen untermauern (pädagogische Psychologie, Sozialpsychologie, Organisationspsychologie bis hin zur klinischen Psychologie). Ebenso werden soziologische Aspekte (vor allem Sozialisation und gesellschaftliche Prozesse) angesprochen. Ein weiterer Schwerpunkt des Buches ist dabei – aufbauend auf den konstruktivistischen Hintergründen – die genaue Analyse dysfunktionaler kognitiver Schemata sowie die gezielte Verhaltensmodifikation mittels Disputation und Neukonzeption dieser Schemata und der Überwindung durch Zielfindungsstrategien. Ein wesentliches Moment ist dabei das Konzept der Achtsamkeit, das auf Umwelt, Situation, Denken und Verhalten angewendet wird.

Diese Grundlagen werden im Buch bewusst nicht wissenschaftlich dargestellt, sondern in verständlicher und auf Einstellungsänderung abzielender Weise aufbereitet. Die wissenschaftlichen Hintergründe sind gezielt an wichtigen Stellen eingefügt und möglichst nachvollziehbar erläutert.

Dr. Frederic Adler, November 2015

Die Inhalte in Kürze

Kapitel 1 „Schnelleinstieg" Sie erfahren, dass unser Erleben der Welt eine Konsequenz davon ist, wie wir die Welt wahrnehmen und wie wir diese Wahrnehmung interpretieren. Sie finden hier auch eine erste kurze Erklärung zum Begriff des „Focused Thinking" und wie diese Technik Ihnen helfen kann, Ihre bisherige Interpretation der Realität positiv zu verändern.

Kapitel 2 „Glücklich sein" Sie erfahren, dass es Vergangenheit und Zukunft so, wie wir sie wahrnehmen, nicht gibt. Beides ist lediglich ein Konstrukt unseres Gehirns. Die Vergangenheit wird individuell verfälscht und ständig neu interpretiert. Die Zukunft ist nichts anderes als eine Projektion von Wünschen und Ängsten. Veränderungen finden ausschließlich in der Gegenwart statt. Wie müssen wir also denken, um erfolgreich sein zu können, und was muss diesem veränderten Denken folgen?

Kapitel 3 „Wer oder was hat Einfluss auf unser Glück?" Sie lernen verschiedene Faktoren kennen, die unser Leben beeinflussen: unser Denken und Handeln, unsere Talente, unsere Intelligenz, andere Menschen (Freunde, Familie, Kollegen), Risikobereitschaft, Ausdauer und ein Gefühl dafür, das Richtige zu tun. Wir stellen Ihnen außerdem einige Werkzeuge vor, die Ihnen bei der Erreichung Ihrer Ziele behilflich sein werden. Dazu geben wir Ihnen hilfreiche Praxistipps an die Hand, mit denen Sie bei Ihrer Zielerreichung aktiv unterstützt werden.

Kapitel 4 „Ist-Zustand" Sie werden erfahren, dass man sich erst besser über seine persönlichen Ziele klar werden muss und wie man herausfindet, welche genauen Ziele man hat. Es gibt keine allgemeingültige Wirklichkeit, die von jedem Menschen gleich erlebt und interpretiert wird. Deshalb sind Realitätsinterpretationen und natürlich auch Ziele eine sehr persönliche und individuelle Sache. Es wird über Wahrnehmung und Wahrnehmungsinterpretation berichtet, was Ihnen dabei hilft, Ihre eigene Wahrnehmungsinterpretation an Ihre Zielerreichungsstrategie anzupassen. Es wird auf einige zentrale Fragen eingegangen, deren Beantwortung für eine Zieldefinition und die Zielerreichung essenziell ist. Anschließend werden Probleme, die bei der Zieldefinition und Zielerreichung auftauchen können, behandelt.

Kapitel 5 „Soll-Zustand" Sie erfahren, wie man herausfinden kann, was die persönlichen Ziele sind. Es werden Werkzeuge vorgestellt, mit deren Hilfe man an der Definition der eigenen individuellen Ziele arbeiten kann. Wir sehen uns die Möglichkeit des Scheiterns an und welche Rolle Sorgen in unserem Leben oft spielen.

Kapitel 6 „Ich sehe was, was du nicht siehst" In diesem Kapitel werden die Gründe unseres Handelns und Nichthandelns genauer betrachtet. Es gibt immer einen Grund dafür, etwas zu tun oder zu unterlassen – ein Motiv, wie man es in der Rechtswissenschaft auch nennt. Das Motiv ist für unsere Motivation essenziell, und es gilt deshalb, neben dem eigentlich Ziel, auch die Motivation für unsere Wünsche und Ziele zu erkennen und zu steigern. Es geht in diesem Zusammenhang auch darum, wie man mit Kritik und Kritikern umgehen sollte. Auch das kann man trainieren. Denken Sie nur einmal an Personen, die im öffentlichen Interesse stehen, wie beispielsweise der Bundestrainer oder diverse Spitzenpolitiker. Würden sich diese Personen jede Kritik an ihrem Handeln oder ihrer Person so zu Herzen nehmen, wie das die meisten von uns tun, kämen sie aus den Sitzungen mit Psychologen nicht mehr heraus. Sie lernen auch zu unterscheiden, was ein wirkliches Bedürfnis ist und was uns lediglich von außen eingetrichtert wird.

Kapitel 7 „Das Hier und Jetzt" Sie erfahren, dass unser Gehirn die Vergangenheit verfälscht und eine Zukunft aus Ängsten und Hoffnungen konstruiert. Weder Vergangenheit noch Zukunft helfen uns bei unserer Zielerreichung. Nur in der Gegenwart lassen sich Projekte angehen und schließlich verwirklichen. Nur, was wir in der Gegenwart tun, hat eine Auswirkung. Die richtige Handlungsweise und Interpretation von Wahrnehmung im Jetzt ist daher grundlegend für die Erfüllung unserer Wünsche.

Kapitel 8 „Was wir wollen" Sie lernen, wie man „destruktive" Routinen durch „konstruktive" Routinen ersetzen kann und dass jede zielgerichtete Handlung erfolgreicher ist, wenn diese auf einer freien Entscheidung basiert. Wir beschäftigen uns in diesem Kapitel außerdem mit Empathie und wie uns diese bei unserer Zielerreichung behilflich sein kann. Außerdem erfahren Sie, dass Sie einzigartig sind.

Kapitel 9 „Ziele" In diesem Kapitel geht es um eine Übertragung von Firmenzielen und Visionen auf den privaten Bereich. Bei Firmen ist es heute Standard, auf allen möglichen Ebenen Ziele zu definieren und diese Teilziele mit der großen Vision zu synchronisieren. Wir definieren auch den Unterschied zwischen einer übergeordneten Vision und einzelnen Zielen.

Inhaltsverzeichnis

1

Schnelleinstieg

1.1   Die Welt entsteht in unserem Kopf

Big Bang? Schleifenquantengravitation? Strings im elfdi-
mensionalen Quantenschaum? Branenkosmologie? Oder
einfach „egal"?

Eigentlich ist die Frage, wie unsere Welt entstanden ist
und wie sie funktioniert, für uns – sofern wir nicht als
Quantenphysiker oder Ähnliches unsere Berufung in der
Beantwortung eben dieser Frage finden –, tatsächlich erst
einmal völlig egal.

Unser Universum, unsere Realität erschaffen wir nämlich
ständig und weitgehend unbewusst selbst. Diese unglaub-
liche „Traummaschine" – unser Gehirn – produziert eine
ganz individuelle Sicht auf die Dinge, die – je nach Prägung
und momentaner Laune – eher rosarot, mausgrau, dunkel-
bunt oder tiefschwarz (zumindest bis es etwas Dunkleres
gibt) erscheint. Ich sage hier bewusst „erscheint" und nicht
„ist", weil es nichts gibt, das tatsächlich und unwiderruflich
so „ist", wie wir es in diesem Augenblick wahrnehmen. Die
von uns wahrgenommene Welt entsteht in uns selbst. Wir
leben in unserer eigenen Schöpfung und sind dort gleichzeitig Architekt und Bewohner. Wir sind hier Schöpfer und
Produkt und erfreuen uns an oder leiden unter unserer ei-

© Springer-Verlag Berlin Heidelberg 2016
P. Postinett et al., *Das Happy Life Construction Manual*,
DOI 10.1007/978-3-662-49436-3_1

genen Kreation. Eine einzig wahre und universelle Realität gibt es nicht. Alles, was ist, war und sein wird, ist ein Produkt unserer Wahrnehmung und deren ganz individueller Interpretation durch unseren Verstand.

Doch ist das wirklich so? Alles, was wir wahrnehmen, ist doch eindeutig, und wir sehen und erleben alle das Gleiche! Die alltäglichen Missverständnisse und Meinungsverschiedenheiten lassen jedoch Zweifel daran aufkommen, dass wir alle das Gleiche sehen und erleben. Tatsächlich ist das, was wir bewusst wahrnehmen, geprägt von unbewussten Automatismen (z. B. die Gefühle, die ausgelöst werden) und von automatischen Interpretationen (z. B. schnelle Schlüsse oder Vorurteile). Sie werden im Folgenden diese Automatismen kennenlernen und Sie werden erfahren, wie wir nach der Theorie des Konstruktivismus unsere eigene Realität aus der Wahrnehmung und durch Interpretation erschaffen.

Die Fähigkeit, die Welt nach unseren Vorstellungen zu verändern, liegt also bei uns selbst. Wir sind folglich nicht vom Wohlwollen anderer Menschen abhängig. Wir müssen uns weder anbiedern, noch müssen wir andere von unseren Ideen überzeugen, um erfolgreich zu sein. Was viele Menschen als eine Voraussetzung für Erfolg erleben, nämlich eine Menge Menschen zu kennen, die uns unterstützen und in unseren Zielen bestätigen, ist nämlich eine Konsequenz des Erfolgs. Je erfolgreicher wir sind, desto mehr Menschen werden von unseren Ideen infiziert, nicht andersherum. Wir können uns eine „Zielwelt", eine Welt, in der wir leben möchten, vorstellen und dann anfangen, diese Vorstellung Schritt für Schritt in die Realität umzusetzen.

Ganz so einfach ist das meistens jedoch nicht.

Warum nicht? Wenn wir doch die Realität selbst erschaffen, können wir uns dann nicht einfach eine schöne Märchenwelt herbeizaubern?

Nein, wie Sie sicher schon festgestellt haben, funktioniert das in den allermeisten Fällen leider nicht.

Da wir in dieser Welt mit vielen anderen Geschöpfen und deren Gesetzmäßigkeiten leben, müssen wir uns an die Regeln dieser Welt halten. Sie können komplett davon überzeugt sein, dass der Stein, der da vor Ihnen auf dem Boden liegt, zu 99 % aus Nichts besteht. Wenn Sie dagegen treten, wird Ihnen der Fuß trotzdem wehtun. Aber keine Angst. Wir haben die notwendigen Fähigkeiten, unseren Platz in dieser Welt zu verändern. Wir können selbst dafür sorgen, dass wir glücklich sind. Was immer auch die individuellen Vorrausetzungen dafür sein mögen: Glück und Erfolg liegen in uns selbst. Wir müssen uns allerdings erst einmal darüber klar werden, was Glück und Erfolg für uns bedeuten und somit, was unsere wirklichen Ziele im Leben sind. Das ist keine Kleinigkeit, aber es funktioniert.

Lernen Sie mit dem Konzept des Focused Thinking, Ihr Denken und Handeln auf das zu lenken, was Sie weiterbringt. Focused Thinking verbindet Erkenntnisse der Neurowissenschaft und der Psychologie mit erfolgreichen Konzepten zur Mitarbeiterführung und Projektsteuerung aus der Wirtschaft. Beginnen Sie, gezielt zu denken und gezielt zu handeln.

Wie? Folgen Sie uns auf die Reise in den Kaninchenbau …

1.2   Was ist Focused Thinking?

Focused Thinking ist das zentrale Konzept dieses Buches. Es soll Ihnen helfen, sich auf das Wesentliche zu konzentrieren. Focused Thinking bedeutet, dass Sie Ihr Denken auf das fokussieren bzw. konzentrieren, was Ihnen hilft.

Focused Thinking basiert auf dem psychologisch bewährten Prinzip der Achtsamkeit. Achtsamkeit soll Menschen helfen, das gesamte Leben bewusster wahrzunehmen und zu gestalten. Im Alltag denken, fühlen und verhalten wir uns meist unbewusst und führen Reaktionsmuster aus. Unser Gehirn erlernt für wiederkehrende Situationen, welches Verhalten zu einer positiven Konsequenz geführt hat. Dieses Verhalten wird somit unbewusst verstärkt und zunehmend automatisch ausgeführt. Aber wir erlernen auch eine emotionale Reaktion: Situationen, in denen wir schlechte Konsequenzen erfahren haben, lösen negative Gefühle aus, und wir versuchen zukünftig, solche Situationen zu vermeiden. Allerdings wäre eine solche Situation zu bewältigen, wenn wir uns anders verhalten würden. Unsere Erfahrungen prägen also, welche Situationen und welches Verhalten wir anstreben und was wir versuchen zu vermeiden. Auch unser Denken wird im Laufe der Jahre zunehmend von anderen Menschen und unseren Erfahrungen geprägt. Wir übernehmen die typischen Denkmuster unserer Gesellschaft, wir interpretieren die Welt und suchen uns Erklärungen. Allerdings werden solche Denkweisen meist ungeprüft von uns übernommen oder basieren nicht auf kritisch überprüften Fakten, sondern einfachen Überzeugungen und Vermutungen.

Focused Thinking soll Ihnen also helfen, bewusster zu denken, bewusster zu fühlen und sich bewusster zu verhalten. Hinterfragen Sie Ihre bisherigen Verhaltensweisen und Denkweisen und achten Sie auch auf negative und positive Gefühle. Mit Focused Thinking wollen wir Ihnen eine Reihe anwendbarer Regeln und Denkmuster an die Hand geben, wie Sie Ihr bisheriges Denken, Fühlen und Verhalten beobachten und hinterfragen können. Ausgangspunkt ist die Veränderung des Denkens: Richten Sie Ihre Gedanken auf eine bewusste Wahrnehmung, folgern Sie daraus passendes Verhalten und beachten Sie den Einfluss Ihrer Gefühle auf Ihr Denken und Verhalten.

Sie werden Focused Thinking im Verlaufe des Buches erlernen. Jedes Kapitel führt Sie an neue Ansichten heran und gibt Ihnen an den richtigen Stellen Tipps, wie Sie sich künftig anders verhalten können – wie Sie Ihr Denken fokussieren.

Der erste Tipp für ein fokussiertes Denken lautet folglich:

> **Seien Sie achtsam und aufmerksam!**

2

Glücklich sein

2.1 Was Sie in diesem Kapitel erwartet

Sie erfahren, dass es Vergangenheit und Zukunft so, wie wir sie wahrnehmen, nicht gibt. Beides ist lediglich ein Konstrukt unseres Gehirns, welches eine zeitliche Linearität zur Verknüpfung von Ursache und Wirkung benötigt. Die Vergangenheit wird dabei individuell verfälscht und ständig neu interpretiert. Die Zukunft ist nichts anderes als eine Projektion von Wünschen und Ängsten. Veränderungen finden ausschließlich in der Gegenwart statt. Wie müssen wir also denken, um erfolgreich sein zu können, und was muss diesem veränderten Denken folgen?

2.2 Ist unser Leben vorherbestimmt?

Warum haben manche Menschen scheinbar das Glück gepachtet und andere offenbar nicht? Gibt es das Schicksal, die Vorherbestimmung, die uns einen festen und nicht veränderbaren Platz im Leben zuweist? Manche Menschen scheinen doch wirklich unter einem wohlwollenden Stern geboren worden zu sein:

© Springer-Verlag Berlin Heidelberg 2016
P. Postinett et al., *Das Happy Life Construction Manual,*
DOI 10.1007/978-3-662-49436-3_2

* Ist es möglich, dass Erfolg im Leben keine Frage unseres Verhaltens, sondern vielmehr eine Frage der Geburt und der Sternenkonstellation ist?
* Ist alles vorherbestimmt und wir wandeln durch unser Leben wie ferngesteuerte Zombies?
* Spult sich unser Leben ab wie ein Film auf einer alten Videokassette, und wir sind lediglich Zuschauer in einem Roadmovie, in dem wir selbst die Hauptrolle spielen?

Das ist Unsinn! Wir haben selbstverständlich die Möglichkeit, unsere Ziele zu erreichen, weitgehend unabhängig davon, ob uns unser Horoskop deren Erfüllung vorhersagt oder nicht. „Weitgehend" deshalb, weil unser Glaube an Vorhersagen das Eintreffen genau dieser Vorhersagen wahrscheinlicher macht. Aufgrund einer Prophezeiung verhalten wir uns wahrscheinlicher genauso, wie wir uns verhalten müssten, damit die Vorhersage eintritt. Dieser Effekt ist in der Psychologie als eine sich selbst erfüllende Prophezeiung bekannt: Ihre Erwartung, was in einer bestimmten Situation geschehen wird, konditioniert Ihr Verhalten von Anfang an, und Sie sorgen so selbst dafür, dass die Prophezeiung eintritt.

Beispiel

Stellen Sie sich vor, Sie möchten von Ihrem Nachbarn den Rasenmäher ausleihen. Es ist Samstag, und Sie sind sich sicher, dass er beschäftigt sein wird und etwas Besseres zu tun hat, als Ihnen den Rasenmäher zu geben. Sie werden also annehmen, dass Ihr Nachbar genervt ist und Sie schnell wieder loswerden möchte. Sie versuchen also, ihn nicht zu lange zu belästigen, sind kurz angebunden, versuchen alles ganz schnell „über die Bühne" zu bringen, und werden hektisch, versuchen schnell wieder weg zu sein. Ihr Nachbar wird tatsächlich keinen Plausch anfangen, wird sich beeilen, Ihnen den Rasenmäher zu geben, und wird sich nicht weiter darum kümmern. Ihre Prophezeiung ist eingetreten. Aber nicht, weil Ihr Nachbar keine Zeit hatte, sondern weil Sie sich so verhalten haben, als hätten Sie es eilig. Er hat sich also nur auf Ihr Verhalten eingestellt (Aronson et al. 2008).

Glück und Erfolg im Leben hängen zu einem großen Teil davon ab, wie wir denken, uns verhalten und wie wir mit unserer Umwelt interagieren. Unsere *Gedanken* sind der Schlüssel zu Glück und Zufriedenheit, zu Wohlstand und Erfüllung. Unser Gehirn *erschafft* die Wirklichkeit erst. Ohne diese einzigartige „Traummaschine" gäbe es die Realität, die wir als solche wahrnehmen, nicht. Deshalb ist es entscheidend für jeglichen Erfolg, *wie* wir unsere Wirklichkeit erleben:

⁕ Nehmen wir diese Welt als eine von Möglichkeiten überquellende oder als eine trostlose und determinierte Welt wahr, in der wir maximal zwischen Pest und Cholera wählen dürfen?

  – „Das passiert mir immer!"
  – „Der Zigarettenrauch zieht immer in meine Richtung!"
  – „Wenn *ich* das versuche, funktioniert es garantiert nicht!"

oder:

- — „*Yes*, we can!"
- — „Ich mach das jetzt einfach!"
- — „Hilf dir selbst, dann hilft dir Gott!"

- ❋ Was erwarten wir von unserem Leben? Selbstbestimmung oder unvermeidliche Vorherbestimmung?
- ❋ Leben wir, um die Erwartungen unserer Mitmenschen zu erfüllen? Werden wir das Leben führen, welches unsere Eltern und Lehrer für uns ausgewählt haben, oder gestalten wir unser Leben selbst?
- ❋ *Glauben* wir wirklich an die schöpferischen Fähigkeiten unseres Bewusstseins, oder sind wir der Meinung, das sei esoterischer Schwachsinn?

Unsere Wahrnehmung der Welt ist der Grundbaustein, auf dem unser neues Leben aufgebaut wird. *Wie* wir unsere Welt sehen, ist prägend für jegliche Zielerreichung. Ein positiver Blickwinkel konditioniert uns dafür, Lösungen zu finden und hilft uns – trotz aller möglichen Rückschläge und Schwierigkeiten – am Ball zu bleiben. Je positiver wir unsere Umgebung und uns selbst wahrnehmen, desto eher wird dieses positive Gefühl zu uns zurückkommen. Es werden sich Gelegenheiten ergeben, die uns bei unserer Zielerreichung behilflich sind. Andere Menschen werden uns positiver wahrnehmen und viel eher bereit sein, uns zu unterstützen. Wir werden mit unserer positiven Haltung mehr Positives in unser Leben ziehen.

Eine negative Grundhaltung hingegen animiert uns dazu, aufzugeben oder unsere Projekte gar nicht erst in Angriff zu nehmen. Andere Menschen werden auf Abstand gehen, weil sie selbst schon genug Probleme haben und nicht noch mehr brauchen können. Gute Gelegenheiten und Chancen werden an uns vorbeiziehen, weil wir nicht in der Lage sind, diese zu erkennen oder zu ergreifen.

In der Psychologie bezeichnet man dies als „Selbstwirksamkeitsüberzeugung" und „Selbstattribution". Wenn Sie glauben, dass Sie selbst nicht besonders viel bewirken können, dann haben Sie eine niedrige Selbstwirksamkeitsüberzeugung. Sie werden auch nicht besonders viel versuchen, weil es ja sowieso keinen Sinn hat. „Selbstattribution" heißt in etwa „Selbstzuschreibung".

Oft schreiben wir Erfolge dem Glück zu, Misserfolge aber uns selbst. Das Ergebnis: Wir denken, dass wir nur mit Glück Erfolg haben können. Wenn aber etwas schiefgeht, war es nicht nur Pech, sondern dann haben wir es selbst vermasselt, weil wir es einfach nicht können – wie demotivierend!

Die Möglichkeiten, erfolgreich zu sein, sind schon jetzt in diesem Augenblick für uns alle vorhanden. Noch befinden sich alle Alternativen in einer abwartenden Position, in einem unendlichen „Wahrscheinlichkeitsfeld", welches alle Möglichkeiten, die es je gegeben hat, gibt und geben wird, enthält. Durch zielgerichtete Denkweise und daraus folgende Handlungen entscheiden *Sie*, welche der unendlichen alternativen Möglichkeiten zu Ihrer Realität wird (Focused Thinking).

Es gibt also einen direkten Zusammenhang zwischen dem, was wir erhalten, und dem, was wir dafür tun, um genau das zu erhalten, was wir uns wünschen. Es reicht nicht, nur den bloßen Wunsch zu haben dieses oder jenes

Ziel zu erreichen, und diesen Wunsch gebetsmühlenartig zu wiederholen. Es reicht auch nicht, sich eine bestimmte Zeit des Tages auszusuchen und mit starrem Blick in den Sternenhimmel einem imaginären höheren Wesen unsere Wünsche mental zu übermitteln. Wir müssen uns vielmehr endlich aus unserer Komfortzone bewegen und ganz aktiv an der Zielerreichung arbeiten. Wir müssen lernen, unsere hinderlichen, erlernten Gedanken und Verhaltensweisen (dysfunktionale kognitive Schemata und negative Konditionierung) durch eine positivere Weltanschauung zu ersetzen und uns endlich selbst um die Erreichung unserer Ziele, um die Verwirklichung unserer Wünsche zu kümmern. Wenn wir das nicht selbst tun, wird es niemand für uns machen und wir verharren dabei, festzustellen, wie schlecht und unfair diese Welt ist. Niemand sonst weiß, was wirklich gut für uns ist und was wir uns in unserem Innern sehnlichst wünschen. Niemand sonst weiß, was wir an unserem Todestag bedauern würden, nicht getan zu haben, nicht gewesen zu sein oder nicht gehabt zu haben. Also fragen Sie sich jetzt und hier: Wie soll Ihr Leben aussehen? Was wollen Sie tun oder sein?

Info-Kasten: „Konditionierung" und „kognitive Schemata"

Konditionierung ist eine elementare Art und Weise des Lernens. In einer Situation verhalten wir uns auf eine bestimmte Weise und stellen hinterher fest, ob das Verhalten eine gute oder schlechte Auswirkung hatte. Wir orientieren uns unbewusst immer mehr an einem Verhalten, das für uns positive Konsequenzen hatte. Doch durch andere Menschen werden wir darauf gelenkt, was von uns erwartet wird, aber nicht unbedingt darauf, was für uns gut ist. Auf diese Weise sammeln wir ein riesiges, unbewusstes Repertoire an Verhaltensweisen an, das wir niemals hinterfragen. Aber auch unser Denken kann negativ beeinflusst sein.

Dysfunktionale kognitive Schemata sind ganz einfach schlechte Denkmuster. Auch diese erwerben wir unbewusst während unseres ganzen Lebens, z. B. durch die Einflüsse anderer. Beispiele sind Generalisierungen („Ich kann gar nichts"), Katastrophisierungen („Wenn ich den Job nicht bekomme, bin ich am Ende") oder Etikettierung („Ich bin ein Versager"). Solche Denkweisen halten uns von erfolgreichem Verhalten ab (Wilken 2010).

2.3 Veränderungen im Hier und Jetzt

Ein lebenslang eintrainiertes Denkmuster zu verändern ist Schwerstarbeit. Dies kann man nicht von heute auf morgen erreichen. Wir müssen hierzu unsere bisherigen Konditionierungen und Programmierungen überschreiben. In den Neurowissenschaften wird diese Programmierung als „Bahnung" bezeichnet. Aus vielen Erfahrungen entsteht ein neuronales Muster, das Denken und Verhalten beinhaltet. Dieses Muster wird in einer bestimmten Situation automatisch ausgelöst, und wir reagieren unbewusst so, wie es sich bei uns mit der Zeit „eingeprägt" hat. Solche eingeprägten Muster sind stark verinnerlicht und schwer zu verändern.

Wir dürfen fortan nicht mehr auf die Einflüsterungen der dunklen Propheten hören, die uns doch nur sagen, was wir angeblich *nicht* erreichen können und was alles unmöglich ist. Wir müssen wieder lernen, an uns selbst und unsere Fähigkeiten zu glauben. Dazu fangen wir an, schöpferisch und kreativ zu denken:

- was sind unsere wahren Wünsche,
- was wollen wir erreichen und
- wie wollen wir leben?

Focused Thinking: Konzentrieren Sie sich auf das Hier und Jetzt

Danach stimmen wir unser weiteres Handeln auf unsere neue, erfolgsorientierte Art zu denken ab. Alle Handlung erfolgt im *Jetzt*. Vergessen Sie, was Sie in der Vergangenheit versäumt haben oder welche Fehler Sie begangen haben. Und vergessen Sie auch jegliches Warten auf bessere Tage, andere Jobs und günstigere Situationen. Dort, wo Sie sich genau jetzt befinden und zu diesem Zeitpunkt fängt Ihr neues Leben an:

Jetzt sofort und hier!

Es gibt keine andere Zeit als das *Jetzt*. Die lineare Zeit ist eine Interpretation unseres Gehirns, um eine Kausalität zwischen Ursache und Wirkung zu erzeugen. Wir sind in dieser Existenz lineare Wesen, die ein solches Konstrukt benötigen, um sich zurechtzufinden. Aber: Eine

Vergangenheit existiert ausschließlich in unserer Vorstellung. Wenn Sie sich mit Freunden über einen Vorfall aus der gemeinsamen Vergangenheit unterhalten und auf die Details achten, werden Sie feststellen, dass jeder den Sachverhalt ein wenig anders in Erinnerung hat. Je länger das Ereignis zurückliegt, desto verschiedener werden die Schilderungen sein. Was genau ist jetzt real? Ihre Version? Die Version Ihrer Freundin? Mit der Zukunft verhält es sich ganz ähnlich: Alle möglichen Versionen der Zukunft existieren als Alternative bereits heute. Welche dieser unzähligen Alternativen sich letzten Endes als Ihre Zukunft einstellen wird, ist reine Spekulation. Lediglich dieser unendlich kleine Funke des *Jetzt* existiert. Nur hier können und müssen Sie aktiv werden.

Wenn Sie sich einmal die Biografien von Persönlichkeiten ansehen, werden Sie feststellen, dass diese Menschen in der Regel hart für ihren Erfolg gearbeitet haben *und* unbedingt an ihn geglaubt haben. Nur den Wunsch zu haben, ein bestimmtes Ziel zu erreichen, ist nicht genug. Um erfolgreich zu sein, müssen wir unsere Gedanken, Fähigkeiten und Handlungen auf die Zielerreichung fokussieren, ohne Wenn und Aber.

Als ob dies nicht schon schwierig genug wäre, werden uns darüber hinaus immer wieder Steine in den Weg gelegt: unser Vorgesetzter, der Neidhammel aus dem Einkauf, das Hochwasser, die Nachbarn, die Finanzkrise, die Konkurrenz, die Schwiegermutter usw. Uns auf diese Hindernisse zu konzentrieren und über unser schweres Los zu lamentieren ist allerdings nichts weiter als Energievergeudung. Stellen Sie sich selbst die Frage, ob Sie aktiv an einer Verbesserung der Situation arbeiten wollen oder ob Sie es tatsächlich vorziehen, zuzuschauen, wie sich die Sachlage immer weiter verschlechtert, bis letztendlich das Schiff, auf dem Sie der Kapitän sind, mit Mann und Maus und Hund und Katze (und natürlich auch mit *Ihnen*) auf Grund läuft.

Unsere Aufmerksamkeit gilt deshalb ab sofort nur noch unseren Zielen und nicht mehr den Hindernissen. Wir nehmen die Hindernisse wahr, analysieren sie und entwickeln Ideen, wie wir die Hürden überwinden können, die zwischen uns und unseren Zielen stehen, aber wir jammern nicht mehr über das ungerechte Schicksal. Gestolpert? Macht nichts – aufstehen, Staub abklopfen und weiter geht's. „Gewinner stehen da auf, wo Verlierer liegen bleiben." Eventuell gelingt dies nicht immer beim ersten Versuch. Doch auch ein gescheiterter Versuch ist eine wertvolle Erfahrung, die uns unserem Ziel näherbringt. Zumindest können wir diesen Lösungsweg jetzt ausschließen, durch diese Erfahrung lernen, daran wachsen und uns auf andere Wege konzentrieren.

> **Auch ein gescheiterter Versuch ist eine wertvolle Erfahrung, die uns unserem Ziel näherbringt.**

Am Ende wollen wir gewinnen, nicht verlieren und dazu ist eine konstruktive Grundhaltung notwendig. Untergangspropheten helfen uns niemals weiter, und schon gar nicht, wenn wir selbst deren treueste Jünger sind.

Wenn wir uns bis hierhin schon einmal einig sind, dass weder die Sternenkonstellation bei Ihrer Geburt, noch die

Schwiegermutter oder ein ungerechtes Schicksal dafür verantwortlich ist, ob Sie erfolgreich sind oder nicht, dann lassen Sie uns im nächsten Kapitel einige andere Erfolgsmethoden genauer analysieren.

2.4   Zusammenfassung des Kapitels

Wie haben ausschließlich in der Gegenwart die Möglichkeit, unser Denken und Handeln so zu verändern, dass wir uns in eine optimale Ausgangsposition begeben, um unsere Ziele erreichen zu können. Hierzu müssen wir:

* unsere Ziele genau kennen,
* unser Denken und Handeln auf eine Zielerreichung ausrichten und
* uns selbst für diese Zielerreichung verantwortlich machen.

Es gibt keine Vorbestimmung. Unser Glück ist nicht von irgendwelchen Sternenkonstellationen oder Horoskopen abhängig. Wir haben es zu einem großen Teil selbst in der Hand, unsere Ziele zu erreichen.

Literatur

Aronson E, Wilson TD, Akert RM (2008) Sozialpsychologie, 6. Aufl. Pearson Studium, Hallbergmoos

Wilken B (2010) Methoden der Kognitiven Umstrukturierung. Ein Leitfaden für die psychotherapeutische Praxis, 5. Aufl. Kohlhammer, Stuttgart

Weiterführende Literatur

Skinner BF (1974) Die Funktion der Verstärkung in der Verhaltenswissenschaft. Contingenies of Reinforcement. Kindler, München

Heinen E (1976) Grundlagen betriebswirtschaftlicher Entscheidungen. Das Zielsystem der Unternehmung, 3. Aufl. Gabler Verlag, Wiesbaden

Weber H, Rammsayer T (2012) Differentielle Psychologie – Persönlichkeitsforschung. Hogrefe, Göttingen u.a.

http://www.psychologie-seiten-archiv.psychologie-seiten.de/? Soziale_Interaktion:Selbstattribution. Zugegriffen: 13.11.2015

3

Wer oder was hat Einfluss auf unser Glück?

3.1 Was Sie in diesem Kapitel erwartet

Sie lernen verschiedene Faktoren kennen, die unser Leben beeinflussen:

* unser Denken und unser Verhalten,
* unsere Talente,
* unsere Intelligenz,
* andere Menschen (Freunde, Familie, Kollegen),
* Risikobereitschaft,
* Ausdauer sowie
* ein Gefühl dafür, das Richtige zu tun,

und erfahren, wie Sie diese Faktoren selbst steuern können. Wir stellen Ihnen außerdem einige Werkzeuge vor, die Ihnen bei der Erreichung Ihrer Ziele behilflich sein werden. Dazu geben wir Ihnen hilfreiche Praxistipps an die Hand, mit denen Sie bei Ihrer Zielerreichung aktiv unterstützt werden.

© Springer-Verlag Berlin Heidelberg 2016
P. Postinett et al., *Das Happy Life Construction Manual*,
DOI 10.1007/978-3-662-49436-3_3

3.2   Unser Denken und unser Verhalten

Bereits unsere Vorfahren dachten, dass ihr Glück von ihrem Denken und Verhalten abgängig sei. Nicht umsonst heißt es: „Wie man in den Wald hineinruft, so schallt es heraus." Unser Denken begründet unser Handeln, und unser Handeln begründet unsere Interaktion mit der uns umgebenden Welt.

> **Das Gesetz der Anziehung besagt: „Gleiches zieht Gleiches an!"**

So wie wir denken und wie wir (uns) fühlen, gestaltet sich unsere Realität. Wir verhalten uns auf eine bestimmte Art und Weise. Dieses Verhalten erzeugt eine ganz spezielle Wirkung auf unsere Umwelt und damit auf die von uns erlebte Wirklichkeit. Wenn wir uns also über bestimmte Situationen und Ereignisse im Leben ärgern und uns darauf fokussieren, ziehen wir mehr davon an, weil unsere Umwelt auf unsere momentane negative Grundhaltung ebenfalls mit Negativität reagiert. Das wiederum führt zu noch mehr negativen Konsequenzen unseres negativen Denkens und Handelns und somit zu mehr Ärger. Wenn wir uns aber vorstellen, wie wir den Tag erfolgreich und mit einem Lächeln auf den Lippen bewältigen, wird sich genau diese Situation nach und nach einstellen. Auch hier reagiert unsere Umwelt auf unsere Grundhaltung und unsere damit verbundenen Aktionen – diesmal in eher positiver Weise. Wenn wir uns auf Armut und Sorgen konzentrieren, ziehen wir mehr Armut und Sorgen in unser Leben. Wenn wir stattdessen aber an Reichtum denken, wird sich dieser in unserem Leben verwirklichen (als erste Übung könnte man den Fernseher verkaufen und so zum einen schon einmal etwas Geld verdienen und zum anderen verhindern, immer wieder mit schlechten Nachrichten konfrontiert zu werden).

Diese Annahmen lassen sich psychologisch sehr gut begründen. Wie wir schon bei der sich selbst erfüllenden Prophezeiung gesehen haben, beeinflusst unser Verhalten, wie sich eine Situation entwickelt oder ob ein bestimmtes Ergebnis dadurch überhaupt zustande kommt.

Wir sind – durch unser Denken und unsere Gefühle – selbst die Schöpfer unserer Realität. Wir selbst formen die von uns erlebte Wirklichkeit. Dieses Prinzip wird von allen Menschen bewusst oder unbewusst ständig angewendet. Man kann sich dem Gesetz von Aktion und Reaktion (Denken – Verhalten; Verhalten – Interaktion mit unserer Umwelt; Interaktion mit unserer Umwelt – Reaktion auf unser Verhalten) genauso wenig entziehen wie anderen Kausalzusammenhängen. Wenn wir uns also bewusst positiv verhalten, verändert sich unsere erlebte Wirklichkeit dementsprechend. Erfolg zieht neuen Erfolg an. Wenn uns etwas gelingt, freuen wir uns darüber. Wir denken erfolgsorientierter und erhöhen damit automatisch die Wahrscheinlichkeit, weiterhin erfolgreich zu sein. Doch im negativen Sinne gilt leider das gleiche Prinzip. So gilt das Sprichwort: „Der Teufel scheißt immer auf den größten Haufen." Es ist entscheidend, an Erfolg zu denken und sich erfolgreich zu fühlen. Nur so ziehen wir immer mehr Erfolg an.

Wie erschaffen wir also – psychologisch betrachtet – unsere eigene Realität? Das beginnt zunächst mit unserer

Wahrnehmung: Eine Situation besteht aus einer Vielzahl von Informationen, die wir nicht alle gleichzeitig wahrnehmen können. Aus diesem Grund müssen wir uns auf etwas konzentrieren. Wir richten unsere Aufmerksamkeit automatisch auf etwas, das uns auffällt oder das wir für wichtig erachten. Wenn Sie eine große Kreuzung betrachten, wird Ihre Aufmerksamkeit wahrscheinlich von einem hupenden Auto angezogen, währenddessen fahren aber etliche andere Autos unbemerkt an Ihnen vorbei. Wir haben also eine begrenzte Aufmerksamkeit. Darüber hinaus interpretieren wir aber auch das, was wir wahrnehmen. Sie richten Ihre Aufmerksamkeit auf den hupenden Autofahrer und beobachten sein Verhalten. Da müssten wir doch alle das Gleiche wahrnehmen, oder? Tatsächlich ist das aber nicht so: Das Verhalten des Autofahrers ist nicht eindeutig. Hupt er, weil er es eilig hat, weil er ungeduldig ist, weil er andere belehren will, weil er wütend ist oder weil er jemanden ärgern will? Auch seine Mimik und Gestik gibt hier meist keine eindeutige Interpretation vor. Aber wir haben automatisch eine Vermutung, die uns am meisten überzeugt, und zweifeln nicht an deren Richtigkeit. Befragt man zwei Personen zur selben Situation, ist es kein Wunder, wenn diese vollkommen unterschiedliche Meinungen haben. Mit solchen Interpretationen deuten wir die Welt um uns und konstruieren auf diese Weise unseren Eindruck von der Welt. Der *Konstruktivismus* geht davon aus, dass wir eine Situation erst interpretieren und somit das konstruieren, was wir für real halten. Das *Gesetz der Anziehung* besagt also nur, was wir schon psychologisch erfahren haben: Unser Denken beeinflusst unsere Wahrnehmung, und unser Verhalten beeinflusst, wie sich unser Leben entwickelt (Gegenfurtner 2003).

Ähnlich wird in der *Quantenphilosophie* argumentiert. Demnach ist die Realität eine virtuelle Konstruktion, die durch unser Bewusstsein erst erschaffen wird und sich in einer materiellen Welt manifestiert. Nichts existiert ohne Bewusstsein. Die Wirklichkeit entsteht durch Wahrnehmung, vorher befinden sich alle Möglichkeiten in einer „Superposition", d.h., alle Alternativen existieren gleichzeitig in einem alle Möglichkeiten umschließenden Wahrscheinlichkeitsfeld, bis eine bestimmte Alternative von uns als Realität wahrgenommen wird.

Diese von uns wahrgenommene Wirklichkeit manifestiert sich, und die Superposition bricht zusammen. Ab diesem Zeitpunkt besteht nur noch diese eine, von uns wahrgenommene Realität. Das Universum entsteht also mit der Wahrnehmung und deren Interpretation durch unser Bewusstsein, indem sich eine bestimmte Alternative aus einer Vielzahl von Möglichkeiten manifestiert.

Durch eine Neukonditionierung unserer Wahrnehmung können wir so auf die Auswahl der unendlichen Alternativen einen Einfluss ausüben. Wie wir später noch sehen werden, nehmen wir vor allen Dingen das wahr, was wir erwarten wahrzunehmen. Andere Eindrücke werden von unserem Gehirn „geglättet". Wenn wir also mehr der fatalistische Typ sind, wird sich unsere Realität dieser Grundhaltung mit der Zeit anpassen. Wir nehmen dann eher Ereignisse zur Kenntnis, die uns in unserer Überzeugung, die Welt sei schlecht, bestätigen. Gegenteiliges geht in der Masse der Wahrnehmungen schneller unter. Die rote Ampel konditioniert uns nachhaltiger und intensiver als die grüne. Die lange Suche nach einem Parkplatz beschäftigt uns länger als das mühelose Finden. Unsere Natur ist es, schlechten

Nachrichten mehr Gewicht zu geben. So färbt sich unsere Welt ganz alleine mit der Zeit immer etwas dunkler, bis wir irgendwann alles schwarzsehen.

Aus der Quantenphilosophie lernen wir aber, dass wir viele Alternativen haben und dass unsere Wahrnehmung beeinflusst, welche Alternative zum Tragen kommt. Auch wird psychologisch noch etwas Neues angesprochen: wie wir unsere Welt interpretieren. Sie haben schon gelernt, dass wir unsere Aufmerksamkeit auf bestimmte Dinge richten und auch erfahren, dass wir unser Umfeld interpretieren. Die rote Ampel stört uns, weswegen wir diese stark wahrnehmen. Eine grüne Ampel stört uns nicht und fällt gar nicht weiter auf. Tatsächlich macht unser Gehirn aber noch etwas: Es löst Dinge, die unserer Erwartungen widersprechen, auf. Raucher wissen, dass Rauchen ungesund ist, möchten aber nicht damit aufhören. Also suchen sie sich Begründungen, um trotz der Gesundheitsschädigung weiter rauchen zu können, z. B. „Ich rauche ja nicht so viel". Man nennt dies „Auflösung kognitiver Dissonanz". Das Verlangen nach Zigaretten und das Schädigen der Gesundheit widersprechen sich (Dissonanz). Wenn wir darüber nachdenken, müssen wir das Problem lösen, ohne das Rauchen aufzugeben (das wäre ja sehr schwer). Der Widerspruch wird aufgelöst, indem eine neue Annahme hinzufügt wird („Ich rauche ja nicht so viel"), und schon ist Rauchen wieder in Ordnung.

Diese Theorien sind eine große Motivation, wenn man sie nicht so versteht, dass jedwede kurzfristige Verhaltensänderung sofort und unmittelbar einen positiven Einfluss auf unser Leben hat. Unsere Welt ist eben *kein* Bestellkatalog mit Vorzugsmitgliedschaft, aus dem man sich beliebig einen Artikel aussuchen kann und dann schnell und sicher geliefert bekommt. Vielmehr erhalten wir diese „Lieferung" nicht von einer äußeren Instanz (beispielsweise andere Menschen, Firmen oder auch der Lottogesellschaft), sondern von uns selbst. Nicht unser Umfeld ist der Lieferant, sondern wir sind es, und deshalb funktioniert diese Denkweise auch. Wir selbst formen die von uns erlebte Realität, bewusst oder auch unterbewusst – das liegt an unserer Weltanschauung und an unserer Kapazität, Flexibilität und auch an unserem Durchhaltevermögen. Allerdings leben wir nicht alleine auf dieser Welt. Andere Menschen konstruieren, genauso wie wir selbst, ununterbrochen Realitäten. Unsere eigenen Realitätskonstrukte konkurrieren mit den Wünschen und Zielen anderer Menschen und verwaschen so unsere individuelle Wahrnehmung, indem wir durch die Wahrnehmungsinterpretationen anderer konditioniert werden. Wir müssen deshalb unseren Gedanken etwas hinzufügen, das den Ausschlag geben kann, welches der konkurrierenden Konstrukte sich letztendlich durchsetzen kann: Diese besondere Zutat ist die Aktion! Da unsere Gedanken unsere Handlungen beeinflussen, sind zielgerichtete und konstruktive Gedanken die Basis für zielgerichtetes Handeln, das uns bei der Zielerreichung unterstützt. Erfolg setzt Planung und Aktion voraus.

Focused Thinking: Sie haben es in der Hand

Wir selbst haben es in der Hand, wie wir unsere Umwelt erleben und die Zukunft gestalten.

Leben ist *nicht* vorherbestimmt, wir sind *frei* und können uns selbst entscheiden, wie wir leben wollen.

> Es geht also darum, mit unseren Gedanken, eine Realität zu erschaffen, die uns wachsen lässt, die uns die Möglichkeit bietet, uns so zu entfalten, wie ein Samenkorn irgendwann zu einem großen Baum wird. Die Natur kennt keinen Mangel. Es gibt alles, was notwendig zum Wachsen ist, im Überfluss. Es geht darum, unsere Talente auszubilden und so alles voranzubringen – nicht nur uns selbst. Wir wachsen, und unser Umfeld wächst mit uns. Wir erschaffen, wachsen und leben auf diese Weise im Einklang mit der Welt.

Die Welt, die in unserem Empfinden die Realität darstellt, ist ein virtuelles Konstrukt unseres Gehirns. Aber sie ist viel mehr als das: zu diesem Konstrukt müssen wir Teile aller anderen existierenden Realitätsinterpretationen hinzufügen. Das bedeutet, unser Realitätsempfinden wird vorrangig durch unser Gehirn geprägt, allerdings haben alle anderen existierenden, „subjektiven" Realitäten (also die Summe dessen, was andere Menschen als Realität bezeichnen) einen Anteil an der Wirklichkeit, die von uns wahrgenommen wird. Man spricht daher auch von Many-Minds-Interpretation (s. hierzu: Tegmark 2009; Everett 1957; von Weizsäcker 1985).

Die Wirklichkeit ist demnach ein Konstrukt unseres Geistes, beeinflusst durch die Realitätskonstrukte aller Lebewesen, die ja ebenfalls die Welt wahrnehmen und interpretieren – wenn auch auf deren eigene Weise. Die Realität ist also nicht das Produkt eines einzigen Beobachters, sondern vielmehr das Ergebnis aller existierenden Wahrnehmungen. Innerhalb dieser Wahrnehmungsmatrix nimmt die persönliche Wahrnehmung jedoch einen hohen Stellenwert ein. Dieser Teil der Realität lässt sich durch uns direkt verändern, andere Teile nur indirekt.

In der Wissenschaft spricht man hier von Subjektivität und Intersubjektivität. Wir glauben, dass unsere Umwelt eindeutig ist und dass es eine objektive Sicht auf die Dinge gibt. Allerdings hat jeder eine eigene Sicht auf die Dinge (Subjektivität). Dort, wo diese subjektiven Sichtweisen übereinstimmen, kann man aber nicht von Objektivität sprechen, da uns diese theoretisch nicht zugänglich ist. Allerdings gibt es Überschneidungen zwischen verschiedenen subjektiven Sichtweisen, was als intersubjektive Übereinstimmung bezeichnet wird. Unsere alltäglichen Probleme und Missverständnisse beruhen oft auf Subjektivität, aber der Eindruck der Objektivität entsteht aus den Dingen, über die wir uns einig sind. Wir müssen unseren subjektiven Eindruck an den Eindrücken anderer überprüfen. Während unseres Aufwachsens lernen wir aber auch viele scheinbar objektive Sichtweisen, die als unveränderlich gelten (Sozialisation). Auch diese sollten wir nicht ungeprüft übernehmen, bloß weil viele diese Sicht übernehmen und sie verteidigen, als handele es sich um Naturgesetze.

> **Die „Realität" ist ein Konstrukt unseres Geistes im Rahmen aller existierenden Realitätsinterpretationen.**

Den Rahmenbedingungen kann sich ein einzelner Mensch nicht entziehen. Wir stehen selbstverständlich nicht über anderen Menschen, und unsere subjektive Realität hat keinen Vorrang vor anderen Realitäten. Unsere

Überzeugungen und unser Handeln können dementsprechend nur in diesem vorhandenen Rahmen funktionieren. Wünsche konkurrieren immer wieder mit ähnlichen Wünschen anderer Personen oder mit Realitätsinterpretationen, die von unserer persönlichen Wahrnehmung abweichen.

Wenn es eine bestimmte Sache nur einmal gibt (beispielsweise ein exklusives Sondermodell eines Autos oder ein bestimmtes Gemälde), können logischerweise nicht alle Menschen, die sich genau dieses Auto oder Gemälde wünschen, es auch bekommen. Die Wünsche und Zielvorstellungen aller Menschen, die diese einmalige Sache besitzen wollen, stehen im Wettstreit miteinander. Am Ende wird sich hier derjenige durchsetzen, der in der Summe die entsprechende Prise Glück und das passendste „Mindset" (Geisteshaltung, Denkweise oder auch Strategie) hat:

- Geld und Machtstreben, um finanzielle Mittel und Einfluss zu generieren und zu vermehren,
- emotionale Intelligenz, um notwendige und hilfreiche Beziehungen aufzubauen und zu festigen,
- Durchsetzungsvermögen und Frustrationstoleranz, um sich durch Rückschläge nicht vom eigentlichen Ziel abbringen zu lassen.

An dieser Aufzählung können wir erkennen: Es handelt sich immer um eine bestimmte geistige (kognitive) oder emotionale/motivationale Kapazität, die für die Zielerreichung entscheidend ist. Eine reiche Erbtante oder erstklassige Gene sind durchaus hilfreich, aber eben nicht notwendig. Darüber hinaus geht es auch nicht darum, um etwas zu kämpfen und etwas zu erhalten, was lediglich ein

Machtbedürfnis befriedigt. Vielmehr sollen wir uns entfalten, und dazu ist es notwendig, dass wir einen gewissen Freiheitsgrad erreichen, eine relative Unabhängigkeit von Geld, vom Job, von anderen Menschen etc.

Auch wenn viele Menschen eine Krise oder gar einen Krieg wahrnehmen, kann sich ein einzelner Mensch dieser Massenrealitätsinterpretation nicht widersetzen. Die Summe der gemeinsamen Überzeugungen ist immer stärker als der Wunsch oder die Überzeugung Einzelner oder einer kleineren Gruppe. Darüber hinaus zweifeln die allermeisten Menschen auf den ersten Blick vorhandene Rahmenbedingungen nicht an. Auch in dieser Beziehung sind wir Menschen Herdentiere. Innerhalb der Krise versucht man, sich individuell zu positionieren, die Krise an sich wird dabei aber relativ unstrittig als vorhandener Aspekt der wahrgenommenen Realität akzeptiert. Es würde auch kaum etwas nutzen, sich einer solchen Masseninterpretation zu verschließen. Ein Ausweg wäre, ausreihend viele Menschen davon zu überzeugen, dass es keine Krise gibt. Damit würden sich die Rahmenbedingungen ändern und die erlebte Realität würde an diese neue Interpretation angepasst. Dies ist die große Macht der PR-Maschine, deren sich mächtige Organisationen, Personen und Staaten bedienen. Die sogenannte „Realität" kann direkt durch eine entsprechend abgestimmte Berichterstattung verändert werden. Nicht umsonst heißt es: „Die Sieger schreiben die Geschichte."

Wir können uns also von anderen Realitätsvorstellungen abgrenzen, aber wir können sie nicht ignorieren. Sie existieren in den Köpfen der Menschen und manifestieren sich dementsprechend auf die eine oder andere Weise auch in „unserer" Realität. Im Rahmen der Sozialisation erlernen

wir die Sichtweisen, die Denkweisen und die Verhaltensweisen, die für unsere Gesellschaft üblich sind. Sozialisation
ist, was uns andere wissentlich und unbewusst, direkt und
indirekt (z. B. über die Medien) vermitteln, und was uns
als Kinder an das Leben in unserer Gesellschaft heranführt.
Auf diese Weise denken viele Menschen in einer Gesellschaft
gleich, was für das Zusammenleben eine Erleichterung bedeutet. Es kann aber zur Gefahr werden, wenn man nicht
erkennt, wo eine Denk- oder Verhaltensweise ungünstig ist.
Aus diesem Grund sollten wir prüfen, ob wir unsere Sichtweise und das daraus resultierende Verhalten einfach nur
gelernt und übernommen haben (Hurrelmann und Bauer
2015).

Oft ist es auch so, dass man sich gar nicht so sehr dieses
einzigartige Auto oder Gemälde wünscht, sondern vielmehr
das Gefühl erleben möchte, sich etwas Einmaliges leisten zu
können. Dann sollte die Fokussierung aber nicht auf das
spezielle Objekt gerichtet sein, sondern vielmehr auf das Erleben dieses Gefühls. Dieses wiederum lässt sich ebenso auf
alternative Weise erzeugen.

Auch das, was für positiv, gut und angenehm gehalten
wird, ist meist nur in der Sozialisation erlernt. Wenn etwas für alle attraktiv ist, haben wir automatisch das Gefühl,
dass wir es auch besitzen wollen. Oft ist die Enttäuschung
deshalb groß, wenn wir etwas Begehrtes dann endlich erhalten – dann nämlich, wenn wir merken, dass wir nach etwas
Falschem gestrebt haben.

So sehr wir uns auch anstrengen und uns unsere ganz
eigene Wirklichkeit konstruieren, gibt es immer noch andere Menschen mit anderen, möglicherweise völlig konträ-
ren Zielen und Wünschen. Da wir nicht alleine in unserem

Universum leben, überlagern sich die Wünsche und Zielvorstellungen und relativieren unsere Möglichkeiten zuweilen
deutlich.

3.3   Unsere Talente

Es mag sein, dass eine bestimmte genetische Veranlagung
für das Erreichen unserer Ziele hilfreich sein kann. Letztendlich gibt es ja Menschen, die einfach eine gute Stimme
haben, ein Talent, Internetsuchmaschinen zu programmie-
ren, Flugmaschinen zu bauen oder römische Kapellende-
cken zu bemalen. Bei vielen Dingen ist allerdings eher eine gute Ausbildung, das Training (die investierte Anstrengung), der Wille, erfolgreich zu sein, und gut genutzte Erfahrung am Ende ausschlaggebender. Sportler müssen trainieren, Musiker ihr Instrument beherrschen lernen, Maler
müssen ihre Techniken üben, ihren unverwechselbaren Stil
entwickeln, Sänger ihre Stimme schulen usw. Was letztendlich aber eine gute Stimme oder ein ästhetisches Gemälde
ist und beim Publikum ankommt, ist dann nochmals eine
ganz andere Geschichte. Es gibt genügend Beispiele erfolgreicher Künstler, deren Werk nicht unbedingt das technisch
überzeugendste ist. Trotzdem schaffen sie es, ihr Publikum
in den Bann zu ziehen und als Superstars zu triumphieren.
Andererseits gibt es auch Beispiele von Menschen mit einem unglaublichen Talent, die es nicht schaffen, sich mit
dieser Begabung ihren Traum zu erfüllen – vielleicht, weil
ihr Traum nichts mit diesem Talent zu tun hat, sie sich über
ihre Ziele nicht klar sind, sich nicht genügend darauf konzentrieren oder sich nicht gut vermarkten können.

Wichtiger als die uns in unserer DNA mitgegebenen Talente ist die Kombination folgender Faktoren:

* die eigenen Ziele genau zu kennen,
* diese unbedingt erreichen zu wollen,
* sich auf *ein* großes Ziel zu konzentrieren und sich nicht zu verzetteln,
* hart dafür zu arbeiten (Ausbildung, Training, Erfahrungen sammeln, es immer wieder zu versuchen),
* an den sicheren Erfolg zu glauben und
* sich vermarkten zu können.

Die genetische Basis mag helfen, ist aber nicht der ausschlaggebende Faktor.

Es ist wahrscheinlich, dass unsere Gene uns in die eine oder andere Richtung beeinflussen. Wir suchen uns einen zu unseren Genen passenden Rahmen. Wenn wir keine Begabung für Musik haben, wird es uns schwerer fallen erfolgreicher Musiker zu werden. Wahrscheinlich haben wir dann auch keine großen Ambitionen auf diesem Gebiet. Allerdings sagt eine vorhandene oder eine fehlende Begabung für ein spezielles Fachgebiet rein gar nichts über unsere grundsätzliche Disposition aus, überhaupt erfolgreich sein zu können. Es ist oft bequemer, die Erklärung, warum wir ein Ziel nicht erreichen, in unseren Genen zu suchen, anstatt noch härter dafür zu arbeiten. Am Ende zählen unsere Einstellung und die Arbeit und Zeit, die wir in unseren Traum investieren.

Info-Kasten: Anlage und Umwelt

Bis heute ist in der wissenschaftlichen Diskussion nicht klar entschieden, wie groß der Einfluss der Gene ist. Momentan geht man davon aus, dass die Gene einen Rahmen vorgeben (Anlage), aber die Erlebnisse und Geschehnisse während des Lebens bestimmen, was konkret entsteht (Umwelteinfluss). Der Gene lassen einen großen Spielraum, entscheidender dürften die Umwelteinflüsse (und das eigene Verhalten) sein. Aktuell geht man davon aus, dass Gene aktiv sein können oder nicht, was von Umwelteinflüssen abhängig ist (Epigenetik und Genexpression). Das heißt, auch wenn die Veranlagung für bestimmte Fähigkeiten nicht so ausgeprägt ist, so ist dennoch das meiste möglich – es bedarf nur mehr Anstrengung (Asendorpf 2012).

> Wir hören solange wir leben nicht auf, besser zu werden. Wir gehören mit 50, 60 oder mehr Jahren also nicht zum „alten Eisen", sondern wir sind jetzt erst richtig gut!

Im Laufe der Zeit haben wir aus unseren Fehlern gelernt und können uns diese Umwege nun sparen. Wir haben neues Wissen erworben und können dieses zur Zielerreichung einsetzen. Wir kennen die besten Tricks und wenden sie an, anstatt auf sie hereinzufallen. Wir hören, solange wir leben nicht auf, besser zu werden. Erfahrungen (gute und schlechte) und neues Wissen bringen uns unseren Zielen näher, und gleichzeitig werden wir durch alles, was wir lernen, von unserer Veranlagung, unseren ursprünglichen

Möglichkeiten und der Hilfe anderer Menschen ein Stück unabhängiger.

3.4   Unsere Intelligenz

Viele eher mittelmäßige Schüler sind in der Arbeitswelt sehr erfolgreich. Sie konnten fehlende logisch-mathematische, sprachliche oder sonstige Begabung mit der Fähigkeit, sich selbst und ihre Ideen zu vermarkten, kompensieren oder haben benötigte Kompetenzen nachträglich erworben. Die Fähigkeit, gut zu kommunizieren, relativiert viele Unzulänglichkeiten hinsichtlich Wissen und Ausbildung. Je besser wir uns in unser Gegenüber hineindenken können, je besser wir jemanden verstehen können, desto besser können wir diesen Menschen von unseren Anliegen überzeugen und für uns einnehmen. Diese emotionale Intelligenz ist daher eine der wichtigsten Zutaten, um erfolgreich zu sein. Immer dann, wenn wir andere von unseren Ideen überzeugen müssen, hilft uns die emotionale Intelligenz, unser Ziel zu erreichen. Wer sympathisch „rüberkommt", hat es leichter, sein Umfeld für sich einzunehmen. Menschen, die scheinbar wissen, wovon sie reden, die viel lächeln, die freundlich sind und sich – auch vor größerem Publikum – behaupten können, vermitteln uns Sicherheit. Wir vertrauen solchen Menschen eher als Zeitgenossen, die unkommunikativ sind und uns unsympathisch erscheinen. Der Grund dafür ist ganz einfach: Menschen als soziale Wesen sind sehr gut darin, andere zu beobachten und aus der Beobachtung Schlüsse für das eigene Verhalten zu ziehen. Allerdings kann man das Verhalten eines Menschen höchstens dann tatsächlich beurteilen, wenn man ihn sehr lange kennt. In bestimmten Situationen des Lebens (z. B. auf der Arbeit) fehlen wichtige Informationen, und die anderen können nur aus der Wirkung nach außen Rückschlüsse ziehen. Sie können also selbstbewusst wirken, wenn Sie sich selbstbewusst verhalten. Niemand kann in Sie hineinsehen, sondern nur das wahrnehmen, was Sie nach außen zeigen. Mit ein wenig Übung werden Sie feststellen, dass Sie auch ganz anders wirken können, wenn Sie sich anders verhalten.

Jetzt werden einige vielleicht denken: „Schade, leider habe ich nicht die Fähigkeit, mich richtig zu verkaufen." Dann haben wir jetzt eine gute Nachricht für Sie: Emotionale Intelligenz ist trainierbar. Man kann lernen, ein guter Verkäufer zu sein. Es ist leichter, wenn man grundsätzlich offen und empathisch ist, aber es ist möglich, seine Wirkung auf andere und seine Fähigkeiten der Präsentation und Argumentation zu trainieren und aufgrund dieses Trainings wirklich gut zu werden.

Die besten Vortragsredner nehmen beispielsweise Schauspielunterricht, um ihre Wirkung zu steigern. Es gibt Rhetorik- und Charismakurse, in denen man sein Auftreten und die Wirkung auf andere Menschen schulen kann. Personen, die aufgrund ihres Jobs im Rampenlicht stehen, lassen sich darin ausbilden, bei ihrem Publikum gut anzukommen. Sie können das auch. Werden Sie aktiv und reflektieren Sie mit Menschen Ihres Vertrauens Ihre Fähigkeiten, auf andere Menschen einzugehen, Ihre Art und Weise, etwas zu verkaufen. Erstellen Sie eine Übersicht, mit den Tätigkeiten, die Ihnen leichtfallen und mit denen Sie gut ankommen, und mit solchen, mit denen Sie sich schwertun. Hier setzen Sie an und suchen sich Unterstützung in Form von Coaching,

Kursen, Büchern, oder was immer Sie sonst weiterbringt und Ihnen bei der Zielerreichung hilft. Stellen Sie sich vor den Spiegel und beobachten Sie sich selbst, wenn Sie einen Vortrag halten oder ein Lied singen. Notieren Sie, was Ihnen nicht gefällt, und arbeiten Sie daran, diese Punkte zu verbessern.

Wichtig ist hier wieder einmal: *Sie* müssen selbst aktiv werden und an Ihren Schwächen arbeiten. Warten Sie nicht darauf, dass Sie den Kurs von Ihrem Arbeitgeber bezahlt bekommen oder dass sich von selbst eine Lösung findet. Ergeben Sie sich nicht Ihrem Schicksal, indem Sie das Fehlen bestimmter Fähigkeiten als unveränderbar hinnehmen. Werden Sie stattdessen selbst aktiv, und suchen Sie sich Möglichkeiten, besser zu werden. Falls Sie sich keinen teuren Kurs leisten können, beginnen Sie mit einem Buch zum Thema, mit Videos auf YouTube oder mit intensiver Recherche im Internet. Arbeiten Sie an Ihren Schwächen und nutzen Sie Ihre Stärken, um Ihre Ziele zu erreichen. Die Hauptsache ist: Arbeiten Sie daran, nur so ist eine Veränderung möglich, und Erfolge stellen sich dann mit der Zeit ein, wenn Sie versuchen, es immer besser zu machen.

3.5   Andere Menschen

Niemand kann alles allein erreichen und deshalb ist es sinnvoll, sich Verbündete zu suchen. Menschen, die uns beraten und moralisch oder in Sachfragen unterstützen können. Ein funktionierendes Netzwerk hat noch keinem geschadet.

Aber wie baut man so ein Netzwerk auf?

Wir fangen beispielsweise bei unserer Familie an, erweitern unser Kontaktverzeichnis um unsere Freunde, danach um die Bekannten und Geschäftskontakte. Unsere Familie und unsere Freunde sind in der Regel Menschen, die uns lieben und uns Erfolg wünschen. Andere Kontakte helfen uns möglicherweise eines Tages dabei, das ein oder andere Ziel zu erreichen, oder können uns mit jemandem bekannt machen, der uns helfen kann, einen neuen Job oder eine neue Geschäftsmöglichkeit zu finden. Plattformen wie Xing oder LinkedIn sind gute Werkzeuge, um den eigenen Bekanntenkreis zu verwalten und zu kategorisieren. Sie können hier beispielsweise nach Menschen mit ähnlichen Interessen suchen, gezielt nach Unterstützung fragen, nach Kontakten suchen, die genau das bieten, was Sie momentan benötigen, und sich natürlich auch einfach finden lassen.

Es ist immer gut, freundlich zu anderen Menschen zu sein und zuerst selbst Unterstützung anzubieten. Wenn ich kann, helfe ich also – und zwar, ohne dafür eine Gegenleistung zu erwarten. Eine solche Gegenleistung ergibt sich in vielen Fällen von ganz alleine. Der Spruch, dass man sich immer zweimal im Leben trifft, ist durchaus begründet. Eine erneute Begegnung ist wahrscheinlich. In einem solchen Fall ist es dann hilfreich, wenn uns der andere in guter Erinnerung hat. Am besten, wir suchen uns Menschen als Freunde und Kontakte aus, die unsere Werte teilen. Das bedeutet nicht, immer die gleiche Meinung zu haben. Die grundsätzlichen Werte sind wichtig, nicht so sehr die Zugehörigkeit zu einer politischen Partei oder zu einem Fußballclub.

3.5.1   Der Pygmalion-Effekt

Selbstverständlich hat es einen erheblichen Einfluss auf uns, wie sich andere Menschen uns gegenüber Verhalten. Die Definition dessen, was wir sind und wie wir uns selbst sehen, hängt auch davon ab, wie uns andere Menschen wahrnehmen. Wie wir uns selbst sehen, hat wiederum einen großen Einfluss auf unser Selbstvertrauen und auf unsere Fähigkeit, uns selbst kritisch zu analysieren. Nur an Fehlern, die wir ehrlich als solche erkennen, können wir arbeiten, und nur mit einem gesunden Selbstvertrauen können wir diese Fehler überwinden und letztendlich unsere Ziele erreichen.

> **Wie uns andere Menschen wahrnehmen, hat einen direkten Einfluss auf unsere Lebensumstände.**

Positive Erwartungshaltungen und Einstellungen wirken sich positiv auf zu bewertende Personen aus (negative Einstellungen wirken sich dementsprechend negativ aus). Dies ist der Pygmalion- oder auch Rosenthal-Effekt.

In Experimenten wurde untersucht, welchen Effekt positive Erwartungen auf die Leistungen bei Intelligenztests haben. Hat beispielsweise ein Lehrer eine entsprechende Meinung über einen Schüler (z. B.: „Der Schüler ist hochintelligent"), so wird sich diese vorweggenommene oder suggerierte Meinung in der Regel später bestätigen. Unbewusst behandelt der Lehrer den betreffenden Schüler anders, als Schüler, die als „normal intelligent" oder gar „unterdurchschnittlich" bewertet wurden. So verändert sich beispielsweise die Häufigkeit von Lob und Kritik, die Art und Komplexität der Leistungsanforderung an die jeweiligen Schüler und die aufgewendete Zeit pro Schüler. Die derart bevorzugt behandelten Schüler zeigen tatsächlich eine Leistungssteigerung, die teilweise signifikant über der Leistung von Vergleichsgruppen liegt (Rosenthal und Jacobson 1971).

Das funktioniert ebenso in einem Arbeitgeber-Arbeitnehmer-Verhältnis. Oft werden Mitarbeiter mit bestimmten Etiketten versehen („der Problemlöser", „den brauchst du gar nicht fragen, der kann nichts", „der Spaßmacher", „der Ex-Azubi", „die Führungspersönlichkeit"). Diese Etiketten werden von immer mehr Mitarbeitern übernommen und die „Etikettierten" entsprechend behandelt. Diese Behandlung wirkt sich wiederum auf das Verhalten dieser Personen direkt aus.

Genau diese Etikettierung lässt sich von uns beeinflussen. Wir können negative Assoziationen überschreiben und so das Verhalten dieser Person und die Reaktionen der Umgebung anpassen. Eine Person mit dem Etikett „der kann nichts" kann so „der Experte" auf einem bestimmten Gebiet werden.

Eine interessante Variante dieses Effekts findet sich im Theaterstück „Pygmalion" von George Bernard Shaw (Shaw 1950). Darin wettet Professor Higgins, ein Blumenmädchen zu einer Herzogin machen zu können, indem er ihr den Akzent der gehobenen Londoner Gesellschaft und das äußere Erscheinungsbild und Verhalten einer feinen Dame vermittelt. Auf einer Party wird das Blumenmädchen dann auch erfolgreich als Herzogin präsentiert. Man hat also das vorhandene Etikett gegen ein anderes ausgetauscht und so eine Verhaltensanpassung bei den beteiligten Personen erreicht. Wir können diesen Effekt für uns selbst nutzen, indem wir uns mit einem passenden Etikett versehen.

Natürlich geht es nicht darum, etwas vorzutäuschen, was man nicht ist. Es geht darum, sich eine bestmögliche Startposition zu sichern. Der Intelligenzquotient der Schüler im klassischen Rosenthal-Experiment ist tatsächlich gestiegen, weil die Lehrer eine positivere Ausgangsmeinung von den betreffenden Schülern hatten. Wir können uns ebenfalls diese bessere Startposition sichern, indem wir uns entsprechend positionieren und mit dem Schubladendenken der Entscheider kalkulieren. Warum sollten wir uns mit negativen Startvoraussetzungen zufriedengeben und Vorurteile, die andere Menschen über uns haben, einfach akzeptieren? Gehen Sie aus sich heraus und nehmen Sie Ihre Wirkung auf andere Menschen selbst in die Hand. Viele Effekte kann man wesentlich einfacher erreichen, als es manchmal den Anschein hat. So sagt man nicht umsonst:

> „Kleider machen Leute."

Wenn Sie beispielsweise ein Vorstellungsgespräch für einen neuen Job haben, bereiten Sie sich vor. Bringen Sie so viel wie möglich über Ihren Interviewer und die Firma in Erfahrung. Kleiden und verhalten Sie sich entsprechend, um eine bestmögliche Ausgangsposition zu erhalten. Jemand, der uns ähnlich ist, erleben wir als sympathisch. Es geht nicht darum, sich zu verstellen und/oder anzubiedern – es geht darum, sich zu verkaufen.

Es kann sehr hilfreich sein, bestimmte Vorurteile zu bedienen. Wie wir bereits festgestellt haben, erschaffen sich die Menschen ihre persönliche Realität durch eine subjektive Interpretation ihrer Wahrnehmung. Die Vorurteile sind da, lange bevor Sie die Bühne betreten, und sehr wahrscheinlich werden Sie nicht derjenige sein, der mit diesen subjektiven Standpunkten aufräumt. Statt nur unter den negativen Effekten zu leiden, kann man sich diesen Umstand aber auch zunutze machen.

> **Bedienen Sie positive Vorurteile!**

Mir (Peter Postinett) hat es beispielsweise bei Bewerbungsgesprächen als Organisationsspezialist in Spanien geholfen, ein wenig darauf herumzureiten, dass ich Deutscher bin. Deutschen wird im Ausland oft ein in die Wiege gelegtes Organisationstalent unterstellt. Das ist natürlich ein Vorurteil, allerdings eins zu meinen Gunsten.

Solche Vorurteile oder vorweggenommenen Beurteilungen finden sich recht häufig. Es ist sehr sinnvoll, bei sich selbst und dem Gesprächspartner solche vorgefassten Meinungen zu entdecken und positive Vorurteile zu verstärken und negative abzuschwächen.

Unbestreitbar sind Menschen Herdentiere. Wir orientieren uns an anderen Menschen und folgen Trends. Wir wollen in der Gruppe anerkannt sein und unterwerfen uns deshalb den Spielregeln. Auch dieser Effekt lässt sich positiv nutzen. Wir können einen gewissen Gruppenzwang erzeugen und uns so eine größere Ausdauer bei unserer Zielerreichung verschaffen.

3.5.2   Wir definieren uns über Feedback

Feedback ist für uns essenziell, weil wir uns über dieses Feedback definieren können. Man hält uns einen Spiegel vor, der selbstverständlich nicht immer ein genaues Abbild von uns zeigt. Wir sehen uns darin, wie uns andere Menschen wahrnehmen und eben nicht, wie wir uns selbst wahrnehmen. Vielleicht sehen Sie sich als zu dick an, wenn Sie sich im Spiegel betrachten? Ihr Umfeld gibt Ihnen allerdings ein gegenteiliges Feedback: Man hält Sie eher für zu dünn. Sie empfinden sich selbst als witzig? Andere Menschen finden das vielleicht nicht. Sie halten sich für schüchtern? Ihre Freunde sehen das eventuell ganz anders. Für die meisten Menschen ist es überraschend, wenn sie das, was sie über sich selbst denken (Selbstwahrnehmung), mit dem abgleichen, was andere über sie sagen (Fremdwahrnehmung). Sie können das leicht testen, wenn Sie Ihre Freunde bitten, Sie möglichst genau zu beschreiben. Bei guten Freunden oder Ihrem Partner wird es große Übereinstimmungen geben. Aber schon bei Ihren Arbeitskollegen könnte das ganz anders aussehen, je weniger Sie miteinander zu tun haben. Glauben Sie sicher zu wissen, was Ihr Chef wirklich über Sie denkt?

Es geht darum, unsere eigenen Empfindungen mit denen unserer Umwelt zu vergleichen und daraus Rückschlüsse auf unser Verhalten und unsere Sicht der Dinge zu ziehen. Wir werden so besser herausfinden, an welchen Eigenschaften wir noch arbeiten müssen und welche Sichtweisen wir anpassen sollten, um uns weiterzuentwickeln. Es geht hier nicht darum, es allen recht zu machen. Es geht darum, zu lernen und besser zu werden – durch konstruktives Feedback unserer unmittelbaren Umgebung. Dies ist so, als würden wir mit einem Rad auf den Randstreifen kommen und dann die Richtung korrigieren oder nach einem Blick auf das Verkehrsschild den Fuß vom Gas nehmen.

Konstruktives Feedback dient als Korrektur. Wir müssen aber dieses Feedback analysieren und entsprechend nutzen. Dazu müssen wir unsere eigene Anschauung mit der erhaltenen Rückmeldung unter Berücksichtigung unseres Ziels bewerten. Wenn wir beispielsweise abnehmen wollen und uns vorgenommen haben, vielleicht 10 Kilogramm in 3 Monaten zu verlieren, dann ist es wenig hilfreich, wenn man uns nach 3 Kilo bereits sagt, wir sollten besser wieder mehr essen. Es sei denn, wir waren gar nicht zu dick, sondern eher zu dünn und sind gerade dabei, diesen negativen Umstand weiter zu verstärken. Dies sollte dann zu einer Zielkorrektur führen.

3.6   Mut und Risikobereitschaft

Auch Mut ist eine Eigenschaft, die man sich aneignen kann. Mut bedeutet, sich etwas zu trauen. Mut bedeutet nicht, keine Angst zu haben, sondern etwas trotz Angst zu tun. Mutig sein bedeutet auch nicht, unvorsichtig oder nicht vorausschauend zu handeln. Je höher ein eventuelles Risiko aus der persönlichen Sicht ist, desto mehr Mut braucht man, um die Sache in Angriff zu nehmen. Mut bedeutet auch, Entscheidungen zu treffen, die nicht massenkonform sind. Den Mut zu haben, Fehler zu begehen, die Konsequenzen eines Versagens in eine Entscheidung einzubeziehen und trotzdem den Schritt zu wagen, ist eine Eigenschaft, die grundlegend für Erfolg ist. Wir sollten Neues ausprobieren können, ohne ständig das Damoklesschwert des Scheiterns über uns schweben zu sehen.

Leider ist unsere Erziehung in der Regel auf den reinen Erfolg ausgerichtet. Es geht im Prinzip nicht darum, ein schönes Spiel zu machen, sondern es geht ums Gewinnen. Die Punkte zählen, nicht der Versuch. Eine Lernkurve wird nicht einkalkuliert, ein Scheitern ist vor allen Dingen in westlichen Gesellschaften ein Makel, der sich so einfach nicht wieder beseitigen lässt. Es gilt als ein hoher Wert, erfolgreich zu sein, und es ist ein großer Makel, Fehler zu machen. Dabei werden Fehler schon in unserer Erziehung so verteufelt, dass wir lieber nichts machen, als einen Fehler oder eine Niederlage zu riskieren. Aber Fehler sind normal, und kein Vorhaben kann komplett sicher sein. So sollte der Versuch ebenso honoriert werden wie ein Erfolg. Schon Theodor Fontane (1973) hat erkannt: „am Mute hängt der Erfolg."

Man sollte auch bedenken, dass gerade Situationen wie die des Scheiterns Wendepunkte in unseren Leben generieren. Sie lassen uns lernen und unseren (falschen) Weg korrigieren. Wenn man sich ehrlich eigestehen kann, Fehler gemacht zu haben, kann man diese korrigieren.

Focused Thinking: Seien Sie mutig

Weniger Fehler zu begehen bedeutet nicht, dass man besser ist, sondern einfach nur, dass man sich weniger traut. Sich weiterzuentwickeln bedeutet fast zwangsweise, Fehler zu begehen und aus diesen Fehlern die richtigen

Schlüsse zu ziehen. So vermeidet man, den gleichen Fehler wiederholt zu begehen.

Manchmal ist der Umstand, kaum Fehler gemacht zu haben, nicht gleichbedeutend damit, gut zu sein, sondern lediglich damit, sich weniger getraut zu haben.

Falls uns dann ein Fehler unterläuft, investieren wir oft mehr Aufwand in der Verheimlichung des Fehlers, anstatt die Sachlage zu analysieren und Lösungen zu finden. Fehler sollten uns helfen, über unseren bisherigen Weg nachzudenken, diesen infrage zu stellen und neue Denkweisen anzuwenden. Mut sollte uns helfen, neue Dinge auszuprobieren, auch wenn dies das Risiko eines Scheiterns beinhaltet und man verletzt und ausgelacht werden könnte. Wer ständig das Risiko scheut, wird sich mit der Zeit leer fühlen, das Leben wird einen großen Teil seines Reizes verlieren. Was immer auch passiert, egal ob wir erfolgreich sind oder nicht, wir werden Erfahrung gewinnen und wir werden wachsen. Doch dafür müssen wir uns auf den Weg machen.

Um erfolgreich zu sein, müssen wir darüber hinaus unsere Konformität hinter uns lassen. Konformität ist in sozialen Gruppen ein wichtiges „Bindemittel": Nur wenn sich alle in der Gruppe auf ein ähnliches Verhalten einigen, gibt es wenig Probleme und Konflikte im Zusammenleben. Dann bedeutet Konformität aber immer, das Normale zu machen und nichts Besseres zu erreichen. Das ist leicht, weil man nicht auffällt und somit auch keine Kritik riskiert.

Wenn wir aber unsere Ziele erreichen wollen, heißt es wahrscheinlich, in verschiedenen Situationen aus der Masse hervorzustechen und aufzufallen. Damit setzen wir uns der öffentlichen Kritik aus und dafür brauchen wir Mut und Standhaftigkeit. Es ist bewundernswert, wie Personen, die in der Öffentlichkeit stehen (Politiker, Schauspieler, Musiker etc.), mit (destruktiver) Kritik umgehen. Stellen Sie sich beispielsweise im Job des Bundestrainers der Fußballnationalmannschaft vor. Es gibt quasi 80 Millionen Menschen, die es natürlich besser wissen. Jeder Fehler wird zur Frage, ob der Mann überhaupt fähig ist, diesen Job zu machen. Stellen Sie sich einmal vor, die ganze Firma beobachtet Sie und weiß zudem immer alles besser – Respekt, wenn man dann noch gelassen bleibt. Wir anderen können hieraus vor allem eines lernen: Es ist wichtig, sein „Ding" zu machen und sich nicht verunsichern zu lassen. Haben Sie den Mut und treten Sie einen Schritt vor – den ersten Schritt auf dem Weg zur Zielerreichung. Seien Sie authentisch und nicht so, wie es andere von Ihnen erwarten!

3.7 Ausdauer bei der Verfolgung unserer Ziele

Ich weiß nicht, wie oft es bisher vorgekommen ist, dass mit dem ersten Kauf eines Lotterieloses sofort der Jackpot geknackt wurde. Wahrscheinlich ist das eher die Ausnahme. Man kauft also ein Los und gewinnt gewöhnlicherweise erst einmal nichts. Deswegen hört man aber nicht auf, Lose zu kaufen, denn man weiß ja, die Chance auf den Hauptgewinn ist nicht sonderlich hoch. Man wird also weiter Lose kaufen und fest daran glauben: Eines dieser Lose ist der erwartete „Jackpot" … Es bedarf folglich einer gewissen Frustrationstoleranz, um Ziele zu erreichen. Das ist leichter, wenn Sie die Illusion aufgeben, dass alles vollkommen reibungslos und fehlerfrei funktionieren sollte. Erwarten Sie Fehler und Rückschläge.

Ähnlich verhält es sich auch mit unseren anderen Zielen. In der Regel lassen sich diese Ziele nicht über Nacht erreichen. Wir müssen es immer wieder versuchen, um eines Tages die Früchte unserer Anstrengungen ernten zu können. Wenn wir uns auf diesem, vielleicht langen und steinigen Weg entmutigen lassen, werden wir unser Ziel nicht erreichen. Wenn man irgendwann im Lotto gewinnen will, darf man eben nicht aufhören, Lose zu kaufen. Wenn man das tut, schrumpft die Chance auf den Gewinn von sehr klein auf null. Es ist nicht sinnvoll, über etwas zu lamentieren, auf das ich momentan keinen Einfluss habe. Es ist wesentlich sinnvoller, sich in einer solchen Situation auf die Parameter zu fokussieren, die man tatsächlich verändern kann. Das hört sich schwierig an, ist aber eigentlich ganz einfach. Wir können uns nur auf eine Sache konzentrieren:

a. Wir können uns darüber aufregen, was nicht so gelaufen ist, wie wir es uns vorgestellt haben.

oder

b. Wir konzentrieren uns darauf, eine Lösung für das Problem zu finden.

Eine kleine Schwierigkeit, die wir mit unserem Wissen und Können leicht beheben können, ist kein wirkliches Pro-

blem. Viel entscheidender sind Probleme, die wir für un-
lösbar halten. Dann sollten wir unsere Herangehensweise
(Problemlösungsstrategie) überprüfen.

* Geben Sie schnell auf oder versuchen Sie, das Problem zu
  analysieren und einen Ansatzpunkt zu finden?
* Eignen Sie sich neues Wissen an, um auf eine Lösung zu
  kommen?
* Hinterfragen Sie die Aspekte des Problems, die unbeein-
  flussbar scheinen?

Es ist allein unsere Entscheidung, auf was wir unsere Aufmerksamkeit richten. Multitasking funktioniert nicht, wir
können uns nicht auf mehrere Aspekte gleichzeitig konzentrieren. Es ist immer sinnvoller, an einer Lösung zu arbeiten
und an einen letztendlichen Erfolg zu glauben. Werfen Sie
die Flinte nicht zu schnell ins Korn. Ein Grund, warum viele
Menschen ihre gesteckten Ziele nicht erreichen liegt darin,
dass sie zu früh aufgeben. Sie beschweren sich dann über al-
lerlei unfaire Unwegsamkeiten des Lebens und suchen sich
ein anderes Ziel. Mit diesem wird dann genauso verfahren
und am Ende hat man zwar eine Menge angefangen, aber
nichts zu Ende gebracht. Große Ziele erreicht man nicht
über Nacht. Es können Jahre vergehen, bis sich ein Erfolg
einstellt.

Beispiel

* Der große Basketballstar Michael Jordan ist in der 10. Klas-
  se an der Aufnahme in das Basketballteam seiner Schule
  gescheitert. Er hat aber danach nicht aufgegeben, sondern

weitergekämpft und trainiert, um seinen Traum zu verwirklichen und Basketball zu spielen.

- Abraham Lincoln hatte nicht die Möglichkeit, regelmäßig
  eine Schule zu besuchen. Seine Bildung hat er sich ange-
  eignet, indem er alle Bücher las, denen er habhaft werden
  konnte. Er hat wegen der schlechten Bildungsmöglichkei-
  ten nicht aufgegeben. Er ist „drangeblieben" und hat sich
  Alternativen gesucht.

- Walt Disney wurde als Zeitungsredakteur entlassen, weil er
  angeblich nicht kreativ genug war.

- Henry Ford hat mehrere Firmen in den Sand gesetzt, bevor
  er schließlich die Automarke Ford zu einem der größten
  Unternehmen der Welt gemacht hat.

Alle diese Beispiele zeigen uns: Wir dürfen uns von Rückschlägen nicht entmutigen lassen. Wenn Sie merken, dass
Sie bei Ihrer Zielerreichung ins Stocken geraten, ändern Sie
die Strategie, nicht das Ziel. Versuchen Sie, das anvisierte
Ziel auf allen möglichen Wegen zu erreichen, schließen Sie
keinen aus.

3.8   Unser Gefühl, das Richtige zu tun

Manchmal haben wir „so ein Gefühl", dass wir das Richtige
oder das Falsche tun. Nicht alles lässt sich mit purer Logik
erklären, und deshalb sollten wir versuchen, auch auf unser „Bauchgefühl" zu hören. Dinge, bei denen wir uns gut
fühlen, die wir gerne tun, haben grundsätzlich eine bessere
Chance, erfolgreich zu sein. Dinge, die wir nicht gerne tun,

sind oft nicht gut für uns geeignet. Dieses „Gefühl" wird auch als Intuition bezeichnet. Wir haben es in unserer logik-orientierten Gesellschaft ein wenig verlernt, dieser Intuition zu vertrauen. Allerdings lässt sich nicht immer durch logische Schlussfolgerung eine Entscheidung treffen. Oft genug weist uns der Verstand in eine Richtung und unser Bauchgefühl in eine ganz andere.

Info-Kasten: Emotionen

„Bauchgefühl" ist eine umgangssprachliche Bezeichnung für Emotionen. Gefühle werden in Situationen automatisch ausgelöst. Das wichtige an Emotionen ist, dass sie angeborene oder erlernte Hinweise sind. Die emotionale Reaktion wird teilweise ebenso wie Wissen erlernt: In bestimmten Situationen hatten wir früher immer ein gutes Gefühl, in anderen ein schlechtes. Wenn wir heute in eine Situation kommen, die Ähnlichkeit mit früheren hat, werden die damals aktivierten Emotionen erneut aktiviert. Man könnte also sagen, dass Emotionen anzeigen, ob wir ähnliche Situationen früher positiv oder negativ erlebt haben. Im Laufe der Kindheit wird uns aber beigebracht „das Vernünftige" zu tun und „nicht emotional" zu sein. So kann es passieren, dass wir ein Leben lang glauben, „das Richtige" zu tun, wenn wir einem sicheren Job nachgehen, aber dennoch nie glücklich sind, weil wir den Job eigentlich hassen (Otto et al. 2000).

Es gibt also eine objektive Folgerichtigkeit von Entscheidungen und eine subjektive Stimmigkeit. Beide Sichtweisen sind wichtig und sollten zusammen betrachtet werden. Das Ausblenden einer dieser Sichtweisen reduziert die Qualität unserer Entscheidungen und Handlungen. Lässt man Kopf *und* Bauch sprechen, erhöht sich dagegen die Qualität von Entscheidungen. Erinnern Sie sich noch an den ersten Tipp zum Focused Thinking (Kap. 1)? Das war die Achtsamkeit: Lernen Sie Ihr Gefühl zu beachten und zu überlegen, warum Sie ein gutes oder schlechtes Gefühl haben.

Soll ich mich von meinem Partner trennen oder der Beziehung eine weitere Chance geben? Soll ich den Sprung in die Selbstständigkeit wagen, einen anderen Job suchen oder einfach bleiben, wo ich bin? Welches Fach soll ich studieren oder welchen Beruf erlernen? Welches Auto soll ich mir kaufen – das sportlichere oder das wirtschaftlichere Modell? – Orientieren Sie sich hier, an dem was als „richtig" oder „vernünftig" gilt? Wenn ja, machen Sie das, was Sie gelernt haben (Erziehung) und was alle anderen machen würden (Sozialisation). Fragen Sie sich selbst, ob Sie immer so wie die anderen entschieden haben oder nicht und ob Sie damit gut gefahren sind oder eben doch nicht.

Oft genug sind wir nicht fähig, eine Entscheidung zu treffen. Wir haben das Gefühl, egal für was wir uns entscheiden, es ist die falsche. Irgendwann werden wir dann vom Lauf der Dinge überholt, und die Entscheidung wird uns abgenommen, wir verlieren die Möglichkeit zu wählen und fühlen uns doch oft erleichtert. So müssen wir uns nicht mehr den Kopf zerbrechen, und wenn etwas schlecht läuft, können wir jemand anderem die Schuld geben.

Trotzdem ist es immer besser, selbst wählen zu können. Eine gute Wahl zu treffen, kann man üben. Jeder Mensch verfügt über zwei Systeme, um Entscheidungen zu treffen:

1. **Der Verstand:** Hier werden Fakten ausgewertet und miteinander abgeglichen. Der Benzinverbrauch eines möglichen neuen Autos wird mit dem Verbrauch des Konkurrenzmodelles verglichen, die Anschaffungskosten und die Finanzierungskonditionen werden genauso gewichtet wie der Wiederverkaufswert und die sinnvolle Zusatzausstattung. Die Gefahr ist, sich in der Vielzahl der Informationen zu verlieren.

2. **Das Gefühl:** Es fällt Entscheidungen in der Regel schneller. Hier geht es darum, mit welchem Auto ich mich besser fühle. Welches Auto gefällt mir mehr? Mit welchem Modell identifiziere ich mich? Als der Mensch noch von wilden Tieren bedroht wurde, war diese Art der Entscheidungsfindung sinnvoll. Wenn man zu lange nachdachte, wurde man eventuell gefressen, bevor man zu einem Ergebnis gekommen war. Heutzutage passiert das allerdings kaum noch …

Den allermeisten Entscheidungen liegt dementsprechend eine Mischung aus beiden Systemen zugrunde. Diese Mischung ist allerdings bei jeden Menschen anders. Unser Gehirn spielt verschiedene Szenarien durch und interpretiert die Ergebnisse vor dem Hintergrund unserer bisherigen Erfahrungen und Vorlieben (und das meist unbewusst und weitgehend automatisch anhand unserer Erfahrungen). Die große Kunst dabei ist, unseren Verstand und unser Bauchgefühl möglichst in Einklang zu bringen. Zu viel Verstand bei der Entscheidungsfindung kann dazu führen, dass wir uns in Informationen verlieren. Wir wägen langwierig das Für und Wieder ab, während unsere Konkurrenten bereits zur Tat schreiten und das Geschäft abschließen oder den Job bekommen. Zu viel Gefühl führt zu unsinnigen Entscheidungen, die lediglich eine emotionale Grundlage haben. Wir kaufen uns den Sportwagen, obwohl wir ihn uns nicht leisten können.

Es gibt keine perfekten Entscheidungen, aber treffen Sie nur Entscheidungen, die Sie positiv stimmen.

Focused Thinking: Haben Sie ein gutes Gefühl!?

Gehen Sie bei Ihren Entscheidungen nicht zu sehr auf Nummer sicher. Es gibt keine perfekte Entscheidung. Je schwieriger Ihnen die Entscheidung fällt, desto unwichtiger ist es im Prinzip, welche der zur Verfügung stehenden Optionen Sie wählen. Pro und Kontra halten sich die Waage. Jede der zur Verfügung stehenden Alternativen hat in der Summe etwa genauso viele Vor- oder Nachteile. Deshalb fällt es uns schwer, eine Entscheidung zu treffen. Was jedoch am wichtigsten ist: Treffen Sie nur Entscheidungen, die Sie motivieren, die Sie positiv stimmen und die Lust darauf machen, endlich anzufangen. Wenn diese positive Grundstimmung fehlt, können Sie davon ausgehen, dass Sie – spätestens wenn sich erste Schwierigkeiten ergeben – ein Motivationsproblem bekommen. Darüber hinaus ist es immer angebracht, uns selbst zu fragen, welche der zur Verfügung stehenden Al-

ternativen uns bei der Erreichung unserer persönlichen
Ziele langfristig eher unterstützt.

3.9   Zusammenfassung des Kapitels

Erfolgreich zu sein bedeutet nicht, außergewöhnlich zu sein,
also irgendetwas in die Wiege gelegt bekommen zu haben,
das uns von anderen Menschen unterscheidet. Wirkliche
Wunderkinder gibt es eher selten und selbst, ein solches
Wunderkind zu sein, wäre kein Garant für ein erfülltes Leben. Viele Stars und Sternchen wurden zunächst aufgrund
ihrer steilen Karriere beneidet und sind dann durch Dro-
gen- oder Alkoholsucht untergegangen. Nachhaltig glücklich waren sie ganz sicher nicht.

> Ich *bin* nicht anders, wenn ich erfolgreich bin, sondern ich
> *denke* und *handle* anders.

Erfolgreich zu sein bedeutet vielmehr, die Dinge und uns
selbst auf eine bestimmte Art und Weise zu sehen und diese besondere Einstellung und Sichtweise in unsere Strategie
zur Zielerreichung einfließen zu lassen. Man ist nicht anders, wenn man erfolgreich ist, sondern man denkt und
handelt anders als Menschen, die nicht erfolgreich sind. Unsere Handlungen sind Ausdruck dessen, was wir denken.
Um erfolgreich zu handeln, muss man erfolgreich denken.
Es kommt auf die Einstellung an, nicht so sehr auf unser
genetisches oder materielles Erbe.

Die Frage ist deshalb: Suche ich nach Lösungen oder lamentiere ich lieber über die Dinge, die nicht so funktionieren, wie ich mir das vorstelle oder über widrige Rahmenbedingungen? Worauf konzentriere ich meine Ressourcen? – Auf die Erreichung meiner Ziele oder auf Dinge, die außerhalb meines Einflussbereiches liegen?

Wichtig ist, selbst aktiv zu werden und sich genau zu überlegen, welche Ziele man wirklich im Leben erreichen möchte. Danach kann man seine ganze Energie auf die Erreichung dieser Ziele ausrichten. Das bedeutet, den eigenen Ideen freien Lauf zu lassen und den Mut zu haben, diese Ideen in die Praxis umzusetzen. Diese Umsetzung wiederum bedeutet, Zeit und Arbeit in die Verwirklichung dieser Ideen zu investieren. Die sprichwörtlichen „gebratenen Tauben" werden uns nicht von alleine in den Mund fliegen. Wir müssen diese zuerst erlegen und dann auch noch zubereiten. Es geht immer wieder darum, es noch einmal mit noch größerer Kreativität zu versuchen.

Aber auch eine Analyse ist wichtig, wenn etwas nicht wie erwartet funktioniert hat: Was ist schiefgelaufen und was können wir daraus lernen? Welche Fehler können wir in Zukunft vermeiden? Eine Kombination aus Training, der Fähigkeit, sich und seine Ideen zu vermarkten, Netzwerken, Mut, Ausdauer, Verstand und Intuition sind nicht nur hilfreich, sondern Basis für unseren Erfolg. Dabei gibt es natürlich Präferenzen bei der Gewichtung der verschiedenen Punkte. Eventuell müssen wir uns auch noch neue Fähigkeiten aneignen, um das gesteckte Ziel erreichen zu können. Eine ehrliche Analyse hilft uns dabei, herauszufinden, wo wir besser werden müssen. Danach gilt es dann, Mittel und Wege zu finden, wie wir uns selbst verbessern können oder wie und wo wir die uns fehlenden Fähigkeiten erwerben können.

Nicht zuletzt geht es auch darum, wie sehr wir darauf vertrauen, unsere gesetzten Ziele erreichen zu können (Selbstwirksamkeitserwartung): Denken wir zielgerichtet und positiv oder lassen wir uns durch Rückschläge leicht aus der Bahn werfen (Frustrationstoleranz)? Wir alleine haben es in der Hand, unser Leben nach unseren Vorstellungen zu gestalten. Wir sind die Architekten unserer Realität – allerdings müssen wir uns mit konkurrierenden Realitäten auseinandersetzen und können diese nicht einfach ignorieren. Es ist essenziell, davon überzeugt zu sein, dass unsere Ziele erreichbar sind und dass diese Ziele unsere Sehnsüchte und Wünsche befriedigen.

3.10   Übungen zur Zielerreichung

3.10.1   Zieldefinition 1

Wenn Sie meinen, festzustecken, versuchen Sie, kleinere Schritte zu planen, und überlegen Sie sich, welche Alternativen Sie haben. Ich meine hier keine faulen Kompromisse, sondern tatsächliche Alternativen, die mit Ihren Zielen konform sind. Fragen Sie sich ehrlich, ob es beispielsweise dieses spezielle und einzigartige Objekt ist, welches Sie unbedingt besitzen wollen, oder ob es eventuell auch ein anderes Objekt mit ähnlicher Charakteristik sein darf. Nehmen Sie sich dazu ein Blatt Papier und notieren Sie Ihr Ziel. Jetzt überlegen Sie, wie man dieses Ziel in kleinere Schritte unterteilen kann. Was fehlt Ihnen und wie können Sie es bekommen? Gehen Sie Schritt für Schritt vor, ohne dabei das große Ziel aus den Augen zu verlieren. Sich hier einen sogenannten Maßnahmenplan zu erstellen hilft dabei, die Übersicht zu behalten. Sobald Sie eine Sache abgeschlossen haben, machen Sie einen Haken an diesen Eintrag und nehmen Sie sich den nächsten Punkt vor. So gewinnen Sie auch einen Überblick darüber, was Sie bisher bereits erledigen konnten. Dies ist eine zusätzliche Motivationsquelle.

Übung Unterteilen Sie das große Ziel in einzelne Teilziele. Erstellen Sie eine Übersicht, die Ihnen dabei hilft, die einzelnen Teilschritte anzugehen:

Ziel	Soll	Zwischenschritt	Wie
Auswandern Costa Rica	Spanisch- kenntnisse	Spanisch ler- nen	Anmeldung VHS
	Job/Ein- kommen	Informationen einholen	Botschaft, Handelskam- mer
	. . .	. . .	. . .

3.10.2   Maßnahmenplan (Beispiel)

Übung Erstellen Sie auf der Basis der Übersicht einen Maßnahmenplan. Tragen Sie hier auch eine Terminvorgabe und beteiligte Personen sowie den aktuellen Status des Teilschrittes ein:

Nr.	Was	Wer	Wann	Status
1.	Anmeldung Sprachkurs	Ich	Montag	Erledigt ☺
2.	Information einholen Botschaft Costa Rica	Ich	Mittwoch	Termin machen
…	…	…	…	…

Setzen Sie sich auch immer wieder mit Ihrer Zieldefiniti-on auseinander. Wenn sich die Ziele nicht mit dem wirkli-chen Willen decken oder Sie Ziele definieren, die Sie nicht hundertprozentig motivieren, fällt eine Zielerreichung ent-sprechend schwerer. Wenn Sie ein „ungutes" Gefühl haben, fragen Sie sich, ob das große Ziel immer noch Bestand hat. Manchmal sind Zwischenschritte notwendig (beispielsweise Geld sparen oder eine neue Fähigkeit lernen), die zwar läs-tig, aber unvermeidbar sind. Diese Notwendigkeiten sollten Ihre Begeisterung für das große Ziel aber nicht dämpfen, sondern eben diese Begeisterung motiviert Sie, auch diese lästigen Aufgaben schnellstmöglich zu erledigen. Jeder Weg beginnt mit dem ersten Schritt und beinhaltet zahlreiche Schritte. Es motiviert Sie, wenn Sie nicht nur das große Ziel als Erfolg feiern können, sondern wenn Sie bei jedem Schritt bemerken, dass es ein Erfolg ist.

3.10.3   Neue Fähigkeiten erlernen

Fähigkeiten kann man in jedem Alter erlernen. Es spricht nichts dagegen (aber alles dafür), auch im fortgeschrittenen Alter noch eine Sprache oder ein Instrument zu lernen. Un-sere Welt verändert sich ständig, und wir sind aufgefordert,

uns an diese Veränderung anzupassen. Die meisten Firmen
haben einen Trainingsplan für ihre Mitarbeiter, um sicher-
zustellen, dass diese up to date bleiben. Fragen Sie sich, welche Fähigkeiten Sie zur Zielerreichung benötigen und wie
Sie diese erlernen können. Wenn Sie auswandern wollen,
ist es beispielsweise hilfreich, die Sprache der Zielregion zu
beherrschen. Günstige Kurse werden von den Volkshoch-
schulen angeboten. Auch Sprachaufenthalte im Urlaub sind
hilfreich.

Übung Listen Sie die Fähigkeiten auf, die Sie zur Zielerreichung benötigen und schreiben Sie Ihre Ideen dahinter, wie
man diese spezielle Fähigkeit erlernen könnte.

Reden Sie sich nicht ein, Sie hätten kein Talent für die
benötigte Fähigkeit. Es ist nicht notwendig, eine neue Sprache akzentfrei zu beherrschen. Es genügt erst einmal, sich
verständigen zu können. Lassen Sie sich nicht entmutigen –
denken Sie an das große Ziel und gehen Sie mit dieser Motivation auch schwierigere oder lästige Schritte an.

3.10.4   Bewerbungen/Verkaufsgespräche

Tatsächlich sind Anzug und Krawatte nicht immer die beste Wahl im Vorstellungsgespräch. Informieren Sie sich vor
dem Gespräch so gut es geht über Ihren Interviewpartner
und die Firma, bei der Sie sich bewerben. In vielen kreativen
Berufen kann es zielführender sein, mit einem selbst desi-
gnten T-Shirt und einer (ordentlichen und sauberen) Jeans
zum Interview zu erscheinen. Auch bei Vorstellungstermi-
nen in jungen Firmen kann ein Anzug eher kontraproduktiv
sein. Passen Sie sich dem Stil des Unternehmens an und

stimmen Sie Ihr eigenes Erscheinungsbild darauf ab. Menschen erleben Ähnlichkeiten bei ihren Gesprächspartnern als sympathische Eigenschaften. So erhöht man im Interview (oder im Verkaufsgespräch) seine Chancen in der Regel deutlich.

Informieren Sie sich *vor* einem Gespräch über bestimmte Umgangsformen in der Branche oder im Umfeld ihres Gesprächspartners. So zeigen Sie Interesse und erscheinen professionell. Das gilt nicht nur für Bewerbungsgespräche. So sollte man die jeweiligen Gebräuche kennen, wenn man im Ausland unterwegs ist und beispielsweise Behördengänge zu erledigen hat. Überall, wo Sie auf das Wohlwollen anderer Menschen angewiesen sind, ist es hilfreich, sich zu „verkaufen". Denken Sie daran: Es geht um Ihr großes Ziel!

Bauen Sie sich ein Netzwerk auf: Plattformen wie XING oder LinkedIn bieten Ihnen ein gutes Werkzeug. Hier können Sie ganz gezielt nach Fähigkeiten und/oder Kontakten suchen. Beginnen Sie zuerst mit der Familie, fahren sie dann mit Freunden, Bekannten, Arbeitskollegen und Empfehlungen fort. Mit der Zeit werden Sie feststellen, wie sich Ihr Netzwerk um wertvolle Kontakte erweitert. Es gibt immer jemanden, der einen kennt, der einen kennt … Haben Sie keine Scheu, einen interessanten Kontakt anzusprechen.

Übung   Wenn Sie auf der Suche nach hilfreichen Kontakten (beispielsweise für einen neuen Job) sind, legen Sie sich ein Profil in einem der genannten Netzwerke an. Das geht kostenfrei. Schauen Sie sich dazu Musterprofile an (am besten von Menschen, die schon dort erfolgreich sind, wo Sie es noch werden wollen) und bauen Sie Ihr Profil ähnlich auf. Lassen Sie ein gutes Foto von sich machen und listen Sie Ihre Stärken auf. Es geht hier weniger darum, dass Sie sich als Person vorstellen, sondern darum, welche Problemlösungen Sie anbieten können.

3.10.5   Unterstützung

Erzählen Sie Ihren Freunden und Bekannten von Ihren Zielen: Sie hören auf zu rauchen? Posten Sie es auf Facebook und erzählen Sie es allen, die Sie kennen. Sie gehen laufen und halten sich mit regelmäßigem Sport fit? Teilen Sie Ihre neue Leidenschaft mit Ihren Bekannten.

Wir stehen schwierige Phasen eher durch, wenn andere Menschen von unserer Anstrengung wissen, weil wir unser soziales Umfeld nicht enttäuschen wollen. Darüber hinaus werden Ihre Freunde Sie animieren und bei Ihren Zielen unterstützen. Das bringt noch einmal zusätzliche Motivation.

Übung Erzählen Sie Freunden und Bekannten von Ihrem Vorhaben und bitten Sie um aktive Unterstützung.

3.10.6   Zieldefinition 2

Verfolgen Sie nicht mehrere große Ziele gleichzeitig. Konzentrieren Sie sich lieber auf eines, und wenn Sie dieses erreicht haben, nehmen Sie sich das nächste große Ziel vor. Ein japanisches Sprichwort sagt sinngemäß: „Wer zwei Hasen gleichzeitig verfolgen will, lässt den einen laufen und verliert den anderen.“

Übung Definieren Sie unter Ihren Zielen ein Ziel, welches Vorrang hat, und verfolgen Sie weitere Ziele erst einmal nur dann, wenn diese Ihr großes Ziel unterstützen oder wenigstens nicht hinderlich sind (Zeitverlust, Motivation etc.).

Manchmal ist auch *ein* großes Ziel schon eine sehr große Herausforderung. Unterteilen Sie dieses Ziel dann in mehrere Einzelschritte. Wenn man ein Instrument lernen möchte, fängt man nicht mit Bach oder Jazz an, sondern erst einmal mit einfachen Vorlagen. Wenn Sie eine Sprache lernen wollen, beginnen Sie nicht mit einem philosophischen Vortrag, sondern vielleicht erst einmal mit der Tageszeitung oder einem Kinderbuch. Das hat auch Motivationsgründe. Verzweifeln Sie nicht an zu großen Aufgaben, sondern sichern Sie sich Erfolge. Das funktioniert auch in der Wirtschaft so: In der Regel muss man sich ständig gut verkaufen. Ein zu großes Projekt kostet Geld, und wenn der Auftraggeber längere Zeit keine Erfolgsmeldungen bekommt, wird er nervös. Es ist besser, Meilensteine zu definieren und jedes Erreichen dieser Teilziele als Erfolg zu verkaufen. Typische Meilensteine sind beispielsweise beim Erlernen einer Sprache, wenn Sie selbstständig nach dem Weg fragen können und die Antwort verstehen. Wenn Sie ein Musikinstrument erlernen wollen, könnte das fehlerfreie Wiedergeben eines bestimmten Stückes ein Meilenstein sein, und wenn Sie mit dem Rauchen aufhören wollen, vielleicht eine Woche ohne Glimmstängel zu überstehen.

Kleine Erfolge motivieren – Sie und Ihr Umfeld. Wenn Sie es schon einmal schaffen, die Melodie von „Freude schöner Götterfunken" fehlerlos auf dem Instrument Ihrer Wahl zu klimpern, lässt sich das nächst schwierigere Stück leichter angehen, und man fühlt sich gut. Oft bekommt man dann auch die verdiente Bestätigung von Freunden und Kollegen, was dann wiederum weiter motiviert. Eventuell können Sie sich auch selbst belohnen, indem Sie sich etwas Schönes kaufen, ein Eis essen oder ein Konzert besuchen.

3.10.7 Entscheidungen treffen

Entscheidungen zu treffen kann man trainieren:

Erstellen Sie bei wichtigen Entscheidungen eine Matrix mit den objektiven Vor- und Nachteilen der zur Verfügung stehenden Alternativen und bewerten Sie jede der Wahlmöglichkeiten auch aufgrund Ihres Bauchgefühls. Welche Alternative „fühlt" sich besser an? Spielen Sie im Geist die verschiedenen Situationen durch:

Was empfinden Sie, wenn Sie sich für Möglichkeit A entscheiden, und was empfinden Sie bei Möglichkeit B?

Versuchen Sie nun, die beste Alternative aus der Informationsmatrix mit der besten Alternative aus den Gefühlsszenarien in Einklang bringen. Welche Option hat die meisten Vorteile? Ziel hierbei ist es, Verstand und Gefühl gemeinsam zu berücksichtigen, also eine Entscheidung zu treffen, die verstandesmäßig sinnvoll ist *und* sich gut „anfühlt". Listen Sie hierzu die zur Verfügung stehenden Optionen übersichtlich auf und beschreiben Sie die wichtigen Faktoren für eine Entscheidung. Beim Autokauf könnten das beispielsweise Farbe, Leistung und Verbrauch sein.

	Farbe	Leistung	Verbrauch
Option A	+	−	+
Option B	−	++	+
Option C	++	0	++

Als weitere Hilfe können Sie den einzelnen Parametern Punkte nach deren Wichtigkeit geben. Beispielsweise eine 10 für die Wirtschaftlichkeit und eine 5 für die Farbe beim Autokauf. Da sich rot besser „anfühlt" als 6,3 Liter/100 km, multiplizieren Sie die Farbe beispielsweise mit 3 und die Wirtschaftlichkeit mit 2. So geben Sie den vorhandenen Kriterien eine Ihren Vorstellungen entsprechende Gewichtung. In der Summenzeile erscheint dann eine gewichtete Wertung der zur Verfügung stehenden Optionen, die Ihnen eine Entscheidung erleichtern kann. Letztendlich sind die Gewichtungen genauso wie die bewerteten Optionen von Ihnen individuell festgelegt worden. Dieser Umstand ist für die Akzeptanz der Entscheidungskriterien wichtig.

	Option A	Option B	Option C
Farbe (5 * 3)	5 * 3 = 15	1 * 3 = 3	10 * 3 = 30
Leistung (7 * 1)	0 * 1 = 0	21 * 1 = 21	10 * 3 = 30
Verbrauch (10 * 2)	10 * 2 = 20	10 * 2 = 20	20 * 3 = 60
Summe	35	44	120

Literatur

Asendorpf JB (2012) Verhaltens- und molekulargenetische Grundlagen. In: Schneider W, Lindenberger U (Hrsg) Entwicklungspsychologie, 7. Aufl. Beltz, Weinheim, S 81–96

Everett H 3rd (1957) „Relative State" Formulation of Quantum Mechanics. Reviews of Modern Physics 29:454–462

Fontane (1973) Romane und Erzählungen, Herausgegeben von Peter Goldammer, Gotthard Erler, Anita Golz und Jürgen Jahn, 2. Aufl. Aufbau, Berlin und Weimar

Gegenfurtner KR (2003) Gehirn & Wahrnehmung. Fischer Taschenbuch Verlag, Frankfurt am Main

Hurrelmann K, Bauer U (2015) Einführung in die Sozialisationstheorie, 11. Aufl. Beltz Verlag, Weinheim und Basel

Otto JH, Euler H, Mandl H (2000) Emotionspsychologie. Ein Handbuch. Beltz, Weinheim

Rosenthal, Jacobson (1971) Pygmalion im Unterricht. Julius Beltz, Weinheim

Shaw GB (1950) Pygmalion. Klassische Stücke. Übersetzer: Siegfried Trebitsch. Suhrkamp, Berlin/Frankfurt

Tegmark M (2009) Many Worlds in Context. Massachusetts Institute of Technology, Cambridge/USA

von Weizsäcker C-F (1985) Aufbau der Physik. Carl Hanser, München/Wien

Weiterführende Literatur

Goldstein EB (2002) Wahrnehmungspsychologie. Spektrum Akademischer Verlag, Heidelberg

Watzlawick P (1981) Die erfundene Wirklichkeit – Wie wissen wir, was wir zu wissen glauben? Piper, München

Watzlawick P (2006) Wenn du mich wirklich liebtest, würdest du gern Knoblauch essen – Über das Glück und die Konstruktion der Wirklichkeit. Piper, München

von Weizsäcker CF (1971) Die Einheit der Natur. Hanser, München

Schrödinger E (1935) Schrödingers Katze. Naturwissenschaften 48, 807; 49, 823; 50, 844 (November 1935)

Schrödinger E (1935) Die gegenwärtige Situation in der Quantenmechanik. Naturwissenschaften 23:812

Heisenberg W (1969) Der Teil und das Ganze. R. Piper & Co. Verlag, München

4

Ist-Zustand

4.1 Was Sie in diesem Kapitel erwartet

Sie werden erfahren, dass man sich erst besser über seine persönlichen Ziele klar werden muss und wie man herausfindet, welche genauen Ziele man hat. Es gibt keine allgemeingültige Wirklichkeit, die von jeden Menschen gleich erlebt und interpretiert wird. Deshalb sind Realitätsinterpretationen und natürlich auch Ziele eine sehr persönliche und individuelle Sache. Es wird über Wahrnehmung und Wahrnehmungsinterpretation berichtet, was Ihnen dabei hilft, Ihre eigene Wahrnehmungsinterpretation an Ihre Zielerreichungsstrategie anzupassen. Es wird auf einige zentrale Fragen eingegangen, deren Beantwortung für eine Zieldefinition und die Zielerreichung essenziell ist. Anschließend werden Probleme, die bei der Zieldefinition und Zielerreichung auftauchen können, behandelt.

4.2 Persönliche Ziele festlegen

Hätten wir unsere Ziele erreicht und unsere Visionen verwirklicht, wären wir alle glücklich und zufrieden. Wir würden schicke Autos fahren, unter ständig blauem Himmel

© Springer-Verlag Berlin Heidelberg 2016
P. Postinett et al., *Das Happy Life Construction Manual*,
DOI 10.1007/978-3-662-49436-3_4

leben und unsere Zeit Projekten widmen, bei denen wir uns selbst völlig entfalten könnten. Wir würden mehr Zeit im Kreise unserer Lieben verbringen, wären finanziell unabhängig und somit weitgehend frei in unseren Entscheidungen und Handlungen.

Leider ist diese Aussage falsch. Viele Menschen haben überhaupt keine Vorstellung davon, was genau ihre Ziele sind, und die Menschen, die ihre Ziele kennen, haben meistens keinen Plan, wie sie diese erreichen wollen. In zahlreichen Zielvereinbarungsgesprächen mit Mitarbeitern ist uns immer wieder aufgefallen, wie viele Menschen erst einmal mit den Schultern zucken, sobald nach ihren persönlichen Zielen gefragt wird. Meistens antworten sie dann mit Allgemeinplätzen, oder sie sagen etwas, was der Vorgesetzte vermutlich hören will.

Beispiel

* „Kommen wir zu Ihrem persönlichen Ziel …"
* „Persönliches Ziel?"
* „Ja, wir legen in der Zielvereinbarung für nächstes Jahr jeweils ein Unternehmens-, ein Abteilungs- und ein persönliches Ziel fest. Das sollte natürlich ein Ziel mit einem Bezug zu den Unternehmenszielen sein. Was wäre ein solches Ziel für Sie?"
* „Hmmmm … Eine Sprache lernen vielleicht …"
* „Welche Sprache?"
* „Äh … Spanisch?"
* „Warum wollen Sie Spanisch lernen? Sie haben doch keinerlei Kontakt mit spanischsprachigen Kunden oder Kollegen."

* „Weil ich denke, das … ist … ehm … eine nützliche Sprache … Man weiß ja nie … oder Französisch?"

Natürlich ist ein Zielvereinbarungsgespräch in der Firma kein entspannter Plausch unter Freunden, und normalerweise outet man sich hier nicht selbst, indem man zugibt, dass man am liebsten in Badelatschen und mit der Gitarre im Arm nach Costa Rica auswandern oder auf Mallorca die spanischen Gassenhauer mitsingen würde und deshalb sein Spanisch aufpolieren will. Trotzdem kann man in diesen Gesprächen einen Einblick gewinnen, inwieweit sich Menschen mit ihren Wünschen auseinandersetzen. Das besagte Schulterzucken ist hierbei sicherlich die am häufigsten verwendete Geste. Eine Beschäftigung mit den eigenen Zielen ist oft sehr oberflächlich oder findet gar nicht erst statt.

Auch bei der Frage nach unseren persönlichen Zielen bereiten uns Erziehung und Sozialisation Schwierigkeiten. Während unserer Kindheit und Jugend lernen wir, was in der Gesellschaft als erstrebenswert gilt. Strebt man nach all diesen vorgegebenen Dingen und ist trotzdem nicht glücklich und zufrieden, stellt man nicht die Ziele des Strebens in Frage, sondern die Menge der Dinge, die man braucht. Scheinbar muss man noch mehr von dem haben, was alle haben wollen. Dabei ist eine andere Erklärung viel einfacher: Es sind die falschen Dinge, nach denen man strebt. Wenn man sich nun von allem löst, was als erstrebenswert gilt, fragt man sich plötzlich, was es denn sonst sein soll. Hier muss man erst wieder lernen, auf die positiven Gefühle zu hören – gegen alle Vernunft und gegen alle Einflüsterungen der Gesellschaft.

Die Folge ist sonst, dass man sich durch sein Leben treiben lässt und die eintreffenden Ereignisse über sich ergehen lässt („Da kann man halt nichts dran ändern"). Da man seine Ziele nicht kennt, kann man sie auch nicht in die Tat umsetzen, und ohne diese Erfolge gibt es auch keine Selbstverwirklichung.

Hier, in unserer als wirklich und absolut empfundenen Realität, finden sich zuerst einmal unsere Bedenken und Ängste, unsere Unsicherheiten, unsere Konditionierungen, die vielen Kompromisse und unsere (angenommenen) Unzulänglichkeiten. Unsere kleine, eigene Welt ist sehr oft nach einem vollständig genormten Plan errichtet, auf einem winzigen Fleck, den man uns innerhalb der Gesellschaft zugewiesen hat und wo man uns bis ins Detail vorschreibt, was wir tun dürfen und was nicht. Man erwartet ein systemkonformes Verhalten und sanktioniert jedes Aus-der-Reihe-Tanzen. Wir akzeptieren das und nennen es ganz pragmatisch „realistisch sein" („Wo kämen wir denn hin, wenn jeder machen würde, was er wollte?!"). Eine Welt an unserer ganz persönlichen Sonnenseite des Lebens können (oder wollen) wir uns nicht vorstellen. Das wäre dann ja unrealistisch. Tun wir es doch, werden wir nicht selten von uns selbst oder anderen ermahnt, nicht die Bodenhaftung zu verlieren, oder wir werden als Träumer bezeichnet und ausgelacht.

Wenn Sie an dieser Stelle zweifeln, dann machen Sie sich bewusst, dass alle diese Denkweisen uns von früh an beigebracht wurden und sie verinnerlicht haben. Allerdings sind das genau die Denkweisen, die uns jetzt im Weg stehen. Aufgrund der starken Internalisierung finden wir auch keine

Lösung, weil wir nicht auf die Idee kommen, solche Denkweisen zu hinterfragen.

> **Beginnen Sie, Ihr Denken zu hinterfragen!**

So wurde uns bereits als Kind erklärt, dass Luftschlösser bauen keine Grundlage für ein erfolgreiches Leben sein kann. Erfolgreich zu sein, bedeutet demnach immer auch angepasst und möglichst gesellschaftlich akzeptiert zu sein. Eine Selbstverwirklichung in diesem Sinne findet statt, indem man gesellschaftliche Ansprüche erfüllt und im Prinzip genau das tut, was alle tun: den vorgegebenen Platz im Leben einnehmen und bestmöglich ausfüllen.

Also haben wir nach und nach unsere imposanten Luftschlösser eingerissen und durch die Vorstellung eines genormten Lebens ersetzt. Alle unsere Strategien und Zukunftsplanungen haben sich im Laufe der Zeit ebenfalls diesem Realismusprozess unterworfen, und als Ergebnis haben wir verlernt, nach den Sternen zu greifen.

Wir sind mittlerweile kaum noch in der Lage, eigene Visionen zu entwickeln und zu versuchen, diese auch umzusetzen. Aber kann es wirklich objektive oder realistische Sichtweisen auf die Welt im Allgemeinen und unser eigenes Leben im Besonderen geben? Kann man überhaupt von einer objektiven (Un-)Möglichkeit sprechen, wenn man über Wünsche und Ziele im Leben nachdenkt?

4.3   Die „Traummaschine"

Unser Gehirn ist eine „Hochleistungstraummaschine". Es konstruiert ohne Unterbrechungen Modelle einer „realen" Welt (Konstruktivismus). Aber ist auch nur ein einziges dieser Modelle wirklich real?

Unsere gesamte Wahrnehmung ist nichts anderes als die Interpretation von elektrischen Impulsen durch unser Gehirn. Die Farben des Sonnenuntergangs, das beruhigende Rauschen der Wellen am Strand, der Sommerwind auf unserer Haut, die wunderbare Sinfonie Mozarts, unsere Kinder, Eltern und Freunde, kurz unser gesamtes Leben besteht aus einer subjektiven Interpretation elektrischer Impulse.

Diese einzigartige „Maschine" erfindet auch Raum und Zeit und benutzt diese Konzepte als Werkzeuge, um die durch die Wahrnehmung erschaffene Welt erfahrbar zu machen. Seit Einstein wissen wir, dass Raum und Zeit relativ zum Beobachter sind. Vergangenheit, Gegenwart und Zukunft sind nichts anderes als eine hartnäckige Illusion. Die Quantenphysik legt nahe, dass Realität durch unsere Wahrnehmung erst entsteht. Erst wenn wir beobachten, löst sich das Wahrscheinlichkeitsfeld der Unbestimmtheit von Geschwindigkeit und Position der Partikel auf und unsere Wirklichkeit entsteht eben durch die Beobachtung, indem alle anderen möglichen Realitäten kollabieren.

Sollte es eine tatsächliche, eine physikalisch einzigartige Wirklichkeit geben, wäre diese für uns nicht wahrnehmbar. Jeder einzelne Mensch konstruiert sich seine Welt aus Elektrizität (den Spannungsveränderungen im Gehirn). Diese individuellen Welten entstehen mit uns und sterben mit uns, um mit uns wieder neu geboren zu werden. Es gibt keine objektive, reale Zeit und keinen objektiven, realen Raum. Tatsächlich gehen Quantenphysiker sogar noch viel weiter: Demnach gibt es nicht nur so viele Realitäten, wie es Wahrnehmungen gibt. Es gibt so viele Universen, wie es Entscheidungsmöglichkeiten gibt. Alles was möglich ist, geschieht in einem dieser Universen („Many-Worlds-Interpretation").

Es gibt also so viele Wirklichkeiten, wie es unterschiedliche Menschen in individuellen Situationen, mit verschiedenen Ansichten, Konditionierungen, Vorurteilen, Befindlichkeiten, Ideen, Entscheidungsmöglichkeiten usw. gibt. Daraus folgt: *Niemand* kann eine wirklich objektive Sichtweise auf einen bestimmten Sachverhalt haben, weil eine solche Sichtweise nicht existiert. Objektiv wäre eine Realitätsbeschreibung nämlich nur dann, wenn diese einen Sachverhalt so wiedergeben könnte, wie dies ein von jeglichen Vorurteilen, Konditionierungen, Vorlieben, Interpretationsmustern, Befindlichkeiten, Gefühlen usw. befreiter und somit tatsächlich neutraler Beobachter tun würde, und wenn es einen „Rezeptor" gäbe, der die Information genauso neutral aufnehmen und verarbeiten würde. Die Illusion der Objektivität besteht darin, dass wir auf eine ähnliche Sichtweise viele Beobachtungen beziehen können und uns darüber abstimmen (Subjektivität und intersubjektive Übereinstimmung). Jede Wahrnehmung unterliegt immer auch einem Prozess der Interpretation. Wenn wir wahrnehmen, erschaffen wir Realität – persönliche Realität. Unsere Vorlieben, Konditionierungen, momentanen Stimmungslagen, unsere Erfahrungen und unsere Vorurteile finden sich in dieser subjektiven Version der Wirklichkeit wieder.

Sollte es eine tatsächliche, eine absolute und wahre Version der Realität geben, wäre sie von uns nicht erfahrbar, schon einfach deshalb, weil sich all dies nicht ausblenden lässt – weder auf der Empfänger- noch auf der Senderseite.

Somit besteht unsere gesamte Welt aus individuellen Konstruktionen. Allerdings tauschen wir uns seit Jahrhunderten über die Sicht der Welt aus, entwickeln diese weiter und geben sie an unsere Kinder weiter. Viele Dinge, die wir für unumstößlich halten, sind bloß gesellschaftlich vereinbart und über Generationen tradiert. Sie sind in der Gemeinschaft erschaffen worden. Diese sozialen Konstruktionen schränken unser Denken stark ein. Als Gesetze regeln sie unser Verhalten verbindlich, als Normen zeigen Sie uns, was von uns erwartet wird, und als Werte sagen sie uns, was wertvoll ist. Aber gerade Normen und Werte sollte man dahin prüfen, ob sie nützlich oder schädlich sind. Gerade das Hinterfragen von Althergebrachtem hat immer zur Weiterentwicklung der Menschheit geführt.

4.4   Wir selektieren unsere Wahrnehmung

Was dagegen ausgeblendet wird, ist die Mehrheit der Informationen, die wir mit unseren ohnehin schon beschränkten Sinnen wahrnehmen:

* Erinnern Sie sich beispielsweise an die Nummernschilder der Autos, die vor dem Haus auf der Straße parken

(in vielen Fällen kennen wir nicht einmal unser eigenes Nummernschild)?

* Oder können Sie die Gesichter der Menschen wiedererkennen, die Ihnen in der letzten halben Stunde im Einkaufszentrum begegnet sind (oder lediglich in den letzten 5 Minuten)?
* Wie viel Geld haben Sie exakt bei sich (auf den Cent genau)?

Normalerweise ist die Antwort auf alle diese Fragen „nein" oder „keine Ahnung". Unser Gehirn sortiert die vermeintlich unwichtigen Informationen aus. Täte es das nicht, wären wir von Daten überflutet. Darüber hinaus findet diese Auswahl unbewusst und automatisch statt, d. h., wir haben in der Regel keinen Einfluss hierauf. Ein bewusstes Abwägen würde viel zu lange dauern. Das Raubtier hätte uns gefressen, bevor wir durch intensives Nachdenken zu dem Schluss gelangt wären, dass es besser wäre wegzulaufen. Eine sehr sinnvolle Funktion also, wenn man längere Zeit in der Wildnis überleben möchte. (Manchmal führt diese Selektion natürlich auch dazu, dass wir wichtige Dinge übersehen. Wir haben Vorfahrt und erwarten keinen anderen Verkehrsteilnehmer, der uns diese Vorfahrt streitig macht. Wir übersehen den kommenden Wagen, und es kracht ...)

Diese automatischen Filter helfen uns also einerseits, den Überblick zu behalten, andererseits sieben wir aber so weit über 90 % unserer Wahrnehmung aus. Unsere „Realität" schrumpft somit auf einen sehr kleinen Ausschnitt. Uns entgehen dadurch immer wieder durchaus entscheidende Details. Im Internet gibt es mehrere kleine Filmchen, die diesen Effekt veranschaulichen.

Beispiel

❋ In einem Film wird der Zuschauer beispielsweise aufgefordert, ein Basketballspiel zu verfolgen und die Pässe des weißen Teams zu zählen. Was den meisten Menschen entgeht, ist ein als Bär verkleideter, durch das komplette Bild tanzender Akteur (Suchbegriff „Moonwalking Bear" in Google eingeben).

❋ Auch gibt es diverse Ausschnitte berühmter Filme, in die sich ein Fehler eingeschlichen hat. So hat im Film „Pretty Woman" Vivian (Julia Roberts) in der Frühstücksszene nach der ersten Nacht ein Croissant in der Hand. Es folgt eine andere Kameraeinstellung und als Sekunden später Vivian wieder zu sehen ist, ist aus dem Croissant ein Pfannkuchen geworden.

Wir achten nicht auf diese Dinge (tanzender Bär, spontane Verwandlung des Frühstücks), weil so etwas in unserer Erfahrung normalerweise nicht passiert. Die Realität wird von uns „geglättet", angepasst. Unser Gehirn zieht eine erfahrungskonforme Interpretation eines Sachverhaltes der Genauigkeit vor. Kurzfristige „Anomalien" im Handlungsstrang werden von uns oft nicht wahrgenommen. Zusammenfassend lässt sich sagen, dass wir vorwiegend das wahrnehmen, was wir erwarten wahrzunehmen.

Unsere begrenzte Aufmerksamkeit zwingt uns zur Auswahl dessen, was wir beachten (Selektion). Diese selektive Wahrnehmung lässt uns oft einen falschen Eindruck von

der Welt gewinnen. Ist die Straßenbahn zwei Mal hintereinander zu spät oder eine Ampel drei Mal rot, wenn wir
dort vorbeikommen, dann denken wir sofort, die Bahn ist
immer zu spät und die Ampel ist immer rot. Was wir uns
nicht gemerkt haben, was uns nicht aufgefallen ist, ist, dass
die Bahn davor fünf Mal pünktlich war und wir meistens
bei Grün an die Ampel kommen. Aufmerksamkeit richten
wir nur auf etwas, was uns stört. So kann es vorkommen,
dass wir in einem vollkommen freundlichen Gespräch den
einzigen Misston bemerken und hinterher das gesamte Gespräch als einen Streit in Erinnerung behalten.

4.5   Wir füllen Lücken und korrigieren Informationen automatisch

Manchmal ist es schwierig, Fehler zu entdecken. Man
übersieht tagtäglich eine immense Anzahl an Irrtümern.
Abgesehen von eventuell unvollständigen Kenntnissen in
der Rechtschreibung, spielt uns unser Gehirn oft einen
Streich, indem es uns vorgaukelt, es wäre alles in Ordnung.
Erst beim erneuten Lesen fällt uns auf, dass da etwas fehlt.
Wir könnten schwören, dass vor einer Sekunde der Buchsta-
be noch da war. Unser Verstand füllt Lücken selbstständig
aus. Beispielsweise fügt er fehlende Buchstaben zu Wor-
ten hinzu oder verändert die Reihenfolge der Buchstaben
bei falsch geschriebenen Wörtern. Manchmal ist uns das
bewusst, oft allerdings nicht.

> **Beispiel**
>
> * **Beispieltext 1:** Man kann den gut Txet vestehen. Unser Gehin füllt vohandene Lüken und korigiert flasche Rechtsschreibong.
>
> * **Beispieltext 2:** Auch dsr Txt wrd vn ns vrstndn.
>
> * **Beispieltext 3:** BIPPY HARTHDAY.
>
> * **Beispieltext 4:** Wir nmeehn die Wöretr als Eiinhet war und lesen nhict Bubthacsen für Bhbuascten. Dhaselb vsetehrt man acuh ncoh desien Uisnn.

Die Wahrnehmungs- und die Gestaltpsychologie befassen sich intensiv mit der Funktion des Gehirns, fehlende Information zu ergänzen. Die obigen Beispiele zeigen übrigens, warum man sich für das Finden von Schreibfehlern in Texten so konzentrieren muss. Konzentrieren wir uns nicht, korrigiert das Gehirn für uns das falsche Wort und wir überlesen es einfach.

4.6   Einzelne Eindrücke „überstrahlen" das Gesamtbild

Einzelne Eigenschaften einer Person werden von unserem Gehirn zu einem Gesamtbild zusammengesetzt. Wenn uns beispielsweise jemand sympathisch ist, verbinden wir diese Sympathie mit (positiven) Eigenschaften, die wir dieser Person unterstellen, obwohl wir nicht wissen, ob sie diese Eigenschaften auch wirklich hat. Wir kennen das beispielsweise als Vorurteile – bei negativen Eigenschaften. Wir haben über eine Person oder eine Gruppe von gleichartigen Personen bestimmte Informationen. Sehen wir jemanden, bei dem einige dieser Informationen zutreffen, dann denken wir sofort, dass auch die anderen Informationen zutreffen. Und diese Erwartung beeinflusst unsere Wahrnehmung. So kann es uns passieren, dass der erste Eindruck total täuscht. Wenn Sie der sehr gutaussehenden Person mit dem netten Lächeln eine bessere Bewertung geben als dem oft schlechtgelaunten und physisch weniger attraktiven Menschen, kann das an diesem Halo-Effekt" liegen.

4.6.1 Halo-Effekt

Diesen Effekt gibt es nicht nur bei der Bewertung von Personen, sondern er tritt auch in anderen Zusammenhängen auf. So können in Fragekatalogen durch initiale Fragen bestimmte Gefühle hervorgerufen werden, die eine Beantwortung von nachfolgenden Fragen verzerren. Oder man „eicht" eine Person auf eine bestimmte Antwort. So fragt man mehrmals hintereinander nach der Farbe Weiß (Welche Farbe hat Schnee? Welche Farbe haben Schneeglöckchen? Etc.) und danach: Was trinkt die Kuh? Viele Menschen antworten dann, ohne weiter nachzudenken, mit „Milch". Unser Gehirn sucht nach einer Verbindung von Kuh und weiß und findet den Begriff Milch. Wasser hat keine Relation zu „weiß" und auf den ersten Blick auch keinen Bezug zu „Kuh". Es gibt im Internet einige Beispiele zu diesen Trickfragen. Selbstverständlich kann man sich den Halo-Effekt auch für wesentlich gravierendere Manipulationen zunutze machen.

Wenn ein Unternehmen am Markt Erfolg hat, werden auch andere Eigenschaften des Unternehmens positiv dargestellt. Manchmal handelt es sich dabei um ein und dieselbe Eigenschaft, die zuerst als Grund für den Erfolg und irgendwann als Ursache für einen späteren Misserfolg genannt wird (oder andersherum). Schnelle Entscheidungen können sowohl ein Beleg für eine schnellstmögliche Anpassung an Kundenwünsche und Marktgegebenheiten als auch ein Beleg für fehlendes Zu-Ende-Denken und voreilige Schlüsse sein, je nachdem, wie es gerade für das Unternehmen, den Fußballclub oder eine bestimmte Person läuft oder wer mit welchem Interesse über diesen Umstand berichtet. Fakten werden gedeutet und bewertet und können deswegen auch umgedeutet und umgekehrt bewertet werden.

4.6.2   Wahrnehmung ist subjektiv

Focused Thinking: Vorsicht vor Konstruiertem

Diese Effekte sind nur weitere Beispiele dafür, wie Menschen Realität wahrnehmen und was diese so hoch bewertete Realität eigentlich ist:
Die Wirklichkeit ist ein Konstrukt unseres Verstandes.
Wir füllen Lücken mit dem, was unserer Meinung nach fehlt. Wir interpretieren Information vor dem Hintergrund momentaner Befindlichkeiten und lebenslanger Konditionierungen. Wir nehmen Sachverhalte unvollständig wahr, ignorieren fehlende Informationen und glätten unbewusst wahrgenommene Informationen.

Auch die gesellschaftlich geteilte, konstruierte Wirklichkeit ist ein Ergebnis der Aushandlung von subjektiven Meinungen und Interessen zu bestimmten Zwecken. Diese Zwecke müssen aber nicht immer Ihnen dienen!

Wenn uns also jemand einen Sachverhalt wiedergibt, ist diese Beschreibung nicht objektiv, denn dann dürfte sie keinerlei individuellen Elemente desjenigen enthalten, der diese Informationen vermittelt. Da aber immer Beobachtungen wiedergegeben werden, enthalten Sachverhaltswiedergaben (beispielsweise Zeugenaussagen) auch immer individuelle Elemente. So fehlen bestimmte Informationen, die der Zeuge nicht wahrgenommen und/oder aussortiert hat, oder unerwartete Lücken wurden durch erwartete (allerdings nicht vorhandene) Daten ergänzt.

Darüber hinaus müssten wir auch fähig sein, den wiedergegebenen Sachverhalt neutral aufzunehmen. Auch dies ist wesentlich schwieriger, als es sich zunächst anhört.

Beispiel

Wenn ich Ihnen beispielsweise ein Glas eiskaltes Wasser beschreibe, dann werden Sie diese Information jeweils anders interpretieren, wenn Sie gerade bei 35 Grad in der Sonne schwitzend den Garten umgraben oder wenn Sie bei windigen 5 Grad im Novemberregen durchgefroren auf den Bus warten. Die Information wird von Ihnen direkt bewertet und mit einem Etikett versehen. Obwohl die Fakten in beiden Fällen exakt identisch sind, verbindet unser Gehirn verschiedene Grundzustände mit der neuen Information und bewertet vor diesem Hintergrund ablehnend oder befürwortend.

Zusammenfassend kann man also durchaus behaupten, dass es *die* Realität nicht gibt. Mindestens unsere Wahrnehmung der Wirklichkeit ist *immer* subjektiv. Wenn es keine Objektivität gibt, ist auch jegliche Kritik immer subjektiv (ob gut gemeint oder nicht, ist dabei zuerst einmal völlig egal). Wenn Ihnen nun jemand sagt, Ihre Ziele seien nicht umsetzbar, dann ist das eine subjektive, auf den Erfahrungen, Interpretationen und Launen (!) dieses speziellen Menschen beruhende Meinung (immer vorausgesetzt, der Kritiker verfolgt keine anderen Ziele wie beispielsweise eine bewusste Demotivation). Unsere Eltern raten uns wahrscheinlich nicht deshalb davon ab, Philosophen zu werden, weil sie uns den Erfolg nicht gönnen, sondern weil sie um unsere Zukunft besorgt sind. Das heißt natürlich nicht, dass sie mit ihrer Sorge recht behalten.

Jede Meinung kann wertvoll und selbstverständlich auch realistischer sein als unsere eigene Einschätzung der Sachlage, sie bleibt aber trotzdem subjektiv. Da es keine absolute und wirklich objektive Realität gibt, existiert auch keine objektiv richtige (oder objektiv falsche) Sicht der Dinge. Weder von unseren Eltern, Lebenspartnern, unseren Freunden, Feinden und auch nicht von sogenannten Spezialisten. Es ist gut und wichtig, verschiedene Meinungen einzuholen und gegeneinander abzuwägen. Die letztendliche Entscheidung, etwas zu tun oder zu lassen, sollte aber immer unsere eigene Wahl sein.

Leider übernehmen wir oft eine als wahr angenommene Sicht der Dinge schon allein deswegen, weil diese von vielen Menschen in unserer Umgebung geteilt wird – frei nach dem Motto: Wenn alle so denken, muss es richtig sein. Auch eine Meinung von „Fachleuten" wird von uns regelmäßig sehr hoch eingeschätzt. Oft wissen wir dabei nicht einmal, was diesen Menschen denn eigentlich zum Fachmann macht. Wenn jemand einen bestimmten Beruf hat, gilt er schon als Fachmann. Vorsicht vor Fachmännern in der Werbung – bloß weil jemand Zahnarztgehilfe ist, heißt das nicht, dass er Zahnpasta beurteilen kann (sondern vielleicht nur, dass er eine gute Bewertung gegen Bezahlung ausspricht).

Im Prinzip ist das ja auch ganz bequem. Auf diese Weise müssen wir uns schließlich selbst weniger Gedanken machen. Es vereinfacht unsere Welt und gibt uns Orientierung, was anscheinend richtig ist (Komplexitätsreduktion). Menschen brauchen eine Orientierung für ihr Verhalten und streben nach Sicherheit(en), was Klaus Grawe als eines von wenigen elementaren Grundbedürfnissen des Menschen ansieht (Grawe 2000).

Wir übernehmen einfach die Auffassung, die alle teilen (oder was der Fachmann uns rät), und schon befinden wir uns mitten im gesellschaftlichen Leben. Wir sind im Trend, wir sind „in". Darüber hinaus fällt ein Soll-Ist-Abgleich zwischen dem angeblich „objektiv Machbaren" und der von uns erlebten, aktuellen Situation natürlich lange nicht so negativ aus, wie ein Vergleich dieser Ist-Situation mit einer Wunschvorstellung in unerfüllten Tagträumen.

So steht auf der Einfahrt neben dem Haus vielleicht ein praktischer Mittelklassewagen oder ein gerade angesagter

Kleinwagen im Retrodesign geparkt, während wir in unseren Träumen auf einem individuell gestalteten Motorrad eine Küstenstraße entlangfahren. In unserer Freizeit sitzen wir unter überwiegend grauem Himmel und lamentieren über den ungeliebten Job, anstatt unsere Zeit unter Palmen am weißen Strand zu verbringen und eine Aufgabe zu haben, die uns erfüllt. Das Hintergrundgeräusch ist der Verkehrslärm und der Krach im Großraumbüro und kein entspannendes Wellenrauschen am Mittelmeer. Anstatt endlich die letzte Zigarette auszudrücken, zünden wir lieber die nächste an. Statt joggen zu gehen, machen wir es uns auf dem Sofa mit einer Tüte Erdnüsse (die sind angeblich gesünder als Kartoffelchips) bequem.

Wir wählen im Prinzip ständig zwischen der einfachen Möglichkeit und einer wesentlich anstrengenderen, aber unseren Wünschen entsprechenden Alternative. Die meisten dieser Entscheidungen fallen unbewusst und zugunsten der einfacheren Wahlmöglichkeit. Diese ist bekannt, gesellschaftlich unbedenklich und relativ stressfrei zu erreichen. Wir geben uns damit zufrieden, weil wir gelernt haben, ein solches Szenario erstrebenswert zu finden. Vom Kindesalter an wurden wir konditioniert, nicht aus der Reihe zu tanzen. Wir setzen deshalb lieber auf eine vermeintliche Sicherheit und die Akzeptanz in der Gruppe als auf die risikobehaftete Möglichkeit, unsere eigenen Vorstellungen zu verwirklichen. Wir ersetzen schwierig zu verwirklichende Bedürfnisse durch leicht erreichbare Pseudoziele oder noch einfacher durch Konsum. Innere Zufriedenheit wird durch äußeren Schein ersetzt.

Dies ist aus Sicht unserer Konsumgesellschaft auch nur folgerichtig: Würde Einkaufengehen wunschlos glücklich

machen, wäre das eine Katastrophe für unser Wirtschafts-
system. Diese wunschlos glücklichen Kunden würden ja
erst einmal nichts mehr kaufen. Es könnten keine Wünsche
mehr über den Kauf von Dingen befriedigt werden. Es geht
in unserer Gesellschaft also auch darum, Sehnsüchte zu
erzeugen, die sich durch Konsum befriedigen lassen. Diese
Befriedigung darf allerdings nur vorübergehend sein. Wenn
wir das neueste Smartphone kaufen, sind wir so lange zufrieden damit, bis es einen Nachfolger gibt. Dann beginnt
der Kreis, sich zu schließen. Selbstverständlich begehren wir
auch den Nachfolger und den Nachfolger des Nachfolgers.
Wir sind so niemals langfristig glücklich. Unsere Gesellschaft basiert auf ständigem wirtschaftlichem Wachstum
und dieses Wachstum wird durch Konsum generiert.

   Der Sinn und Zweck dieses Konsums ist nur auf den
vorübergehenden Kick, nicht auf langfristige Befriedigung
grundsätzlicher Bedürfnisse ausgerichtet – er kann uns also
gar nicht nachhaltig glücklich machen. Allerdings überdecken Aktionen wie shoppen gehen oder Rauchen durch
kurzfristige Zufriedenheitsgefühle unser inneres Verlangen
nach Selbstverwirklichung. Wir reihen diese kurzen Mo-
mente durch ständige Wiederholungen dann aneinander
wie Perlen auf einer Schnur – viele kurze Kicks, bis wir
unsere großen Sehnsüchte nicht mehr wahrnehmen.

> **Es ist uns wichtiger, von welcher Firma unsere Kleidung ist, als
> innerlich wirklich zufrieden zu sein. Wir ersetzen Inhalt durch
> Fassade. Es geht um den vorübergehenden Kick, nicht um an-
> haltende Selbstverwirklichung.**

Focused Thinking: Überwinden Sie Ihre Prägung

Das Problem dabei ist, je öfter wir uns unterordnen und unsere Ziele den Vorstellungen anderer Menschen (Vorgesetzte, Familie, Partner, Freunde etc.) anpassen, desto schwieriger wird es für uns werden, aus diesem Muster auszubrechen und damit zu beginnen, ein Leben nach unserer Vorstellung zu planen und letztendlich auch (Schritt für Schritt) umzusetzen. Es wird uns auch immer schwerer fallen, uns überhaupt an das Leben zu erinnern, welches wir immer leben wollten. Das Ergebnis ist eine innere Unzufriedenheit, eine Sehnsucht nach etwas Unbestimmten, der wir mit kaum geeigneten Maßnahmen entgegenzuwirken versuchen (Einkaufen, Essen, Rauchen, Computerspiele, etc.).

Doch warum ist dieser Zustand so schwer zu überwinden? Ein Aspekt ist, dass wir selbst gar nicht wissen, was wir eigentlich wollen, weil wir immer nur nach dem gestrebt haben, was man uns vorgesagt hat. Man fängt also wieder bei null an und weiß noch nicht einmal, wie man herausfinden soll, was man eigentlich will. Wir haben aber auch schon von Internalisierung, von Konditionierung oder von Prägung gehört. Allen liegt eine stark wirksame Grundfunktion unseres Gehirns zugrunde: die Bahnung. Unser Gehirn arbeitet nur mit der Verknüpfung von Nervenzellen. Das daraus entstehende Netz bildet Wege, auf denen sich elektrische Ladungen ausbreiten. Irgendetwas löst einen Impuls aus, und die Ladungen breiten sich über dieses Netz aus und erzeugen ein bestimmtes Muster erregter Nervenzellen (neuronales Muster). Je öfter ein bestimmtes Netz aktiviert wird, desto leichter wird es wieder erregt, weil noch mehr Nervenzellenverbindungen entstehen. Diese Erhöhung bestimmter Verbindungen wird als Bahnung bezeichnet. Aus einer kleinen Verbindung wird also ein ganzes Bündel von Verbindungen (aus dem Trampelpfad wird ein breiter Weg, je mehr er genutzt wird). Und solche Muster werden dann ständig aktiviert, weil es Verbindungen aus vielen Richtungen" gibt. Möchten wir etwas ändern, müssen wir verhindern, dass dieses Muster ausgelöst wird. Bis die Veränderung im Gehirn stattfindet, braucht es sehr lange, weil ein anderes Muster unzählige Male anstelle des alten Musters aktiviert werden muss. Aus diesem Grund fallen wir meist immer wieder in unsere alten Muster zurück (Atwood und MacKay 1994).

Das Paradoxe ist: Obwohl wir uns eigentlich anstrengen, es anderen Menschen recht zu machen, werden wir selbst immer unzufriedener. Diese Unzufriedenheit leben wir dann an eben diesen Menschen aus, denen wir es eigentlich recht machen wollten, und der Effekt ist, dass alle unzufriedener sind. Wären wir in dieser Beziehung egoistischer, würde es allen besser gehen. Wir würden uns besser fühlen und dieses Gefühl mit unserer Umwelt teilen. Die Menschen in unserer Umgebung würden uns positiver wahrnehmen und diese Empfindung mit uns teilen.

4.6.3   Es heißt der Geist formt die Materie, aber . . .

Zu glauben, wir ständen über der Materie, wäre im besten Fall ignorant, im schlechtesten Fall sogar gefährlich. Wenn wir mit dem bloßen Fuß gegen einen großen Stein treten, tun wir uns weh. Der Stein existiert – da gibt es wenig Diskussionsspielraum. Genauso ist die Wand in der Regel widerstandsfähiger als unser Kopf. Auch dies kann man im Zweifelsfalle leicht selbst ausprobieren (wovon ich natürlich ausdrücklich abrate). Unser Fuß und unser Kopf interagieren mit der Wand und dem Stein, weil alles Materie ist und den gleichen Gesetzen gehorcht. Diese Sachlage ändert sich auch dann nicht, wenn wir bedenken, dass der Stein und die Wand alles andere sind als die äußerliche Erscheinung, die wir von diesem Stein und dieser Wand wahrnehmen. In Wirklichkeit bestehen Stein und Wand aus Molekülen, diese wiederum aus Atomen, und auch die Atome bestehen aus nochmals kleineren Einheiten. Alles in allem ist Materie keine kompakte Sache, sondern ein Verbund aus kleinsten Teilchen, aus Energie und aus sehr viel „leerem" Raum zwischen diesen Komponenten. Trotzdem tut uns der Fuß weh, wenn wir gegen diesen Haufen aus subatomaren Teilchen (Stein) treten.

Allerdings bestehen wir nicht *nur* aus Materie, sondern auch aus Geist. Wir leben also einerseits als Bestandteil der materiellen Welt und sind somit auch an deren Gesetze gebunden. Andererseits existieren wir aber auch geistig, unabhängig von Rahmenbedingungen wie Raum und Zeit. Genau hier sind unsere Möglichkeiten, denn unsere Vorstellung von der Wirklichkeit formt unsere erlebte Realität und hat einen Einfluss auf die materielle Welt.

Im Prinzip ist das viel einfacher, als es sich anhört. Wir können uns beispielsweise ganz simpel vorstellen, dass der besagte Stein nicht in unserem Weg liegt. Wir heben ihn dann auf und legen ihn zur Seite – tatsächlich ist das nicht sehr originell, dafür aber effektiv: Unsere Gedanken haben letztendlich dazu geführt, dass der Stein nicht mehr im Weg liegt. Oder wir stellen uns eine Tür in der besagten Wand vor und sorgen dann dafür, dass jemand (wir selbst oder ein Handwerker) diese Tür in die Wand einfügt. Danach können wir quasi „durch die Wand" gehen (allerdings ohne Naturgesetze ignorieren oder auf den Tunneleffekt hoffen zu müssen). Die Einfachheit dieser Lösungen soll nicht über ihre Genialität hinwegtäuschen. Es ist nämlich ein weiterer Trugschluss, dass diese Lösungen „billig" sind. Zwar wäre eine rein auf geistigen Gesetzen beruhende Lösung atemberaubend, aber was nützt sie denn? Es reicht, wenn der Stein aus dem Weg ist. Wenn Sie Ihr Leben ändern wollen, dann müssen Sie wahrscheinlich keine vollkommen neue Welt erschaffen, sondern einfach ein paar Steine aus dem Weg räumen.

Die Lösung ist also weder rein geistiger Natur, noch ist sie nur materiell. Die Vorstellung, der Wunsch oder die Idee sind die Basis für jede Problemlösung. Deshalb ist es so wichtig zuerst das Denken zu ändern, denn aus einem veränderten Denken folgt ein verändertes Handeln und aus einem verändertem Handeln folgt eine neue Reaktion unserer Umwelt auf uns und unsere Aktionen. Der Geist ist also die Grundlage für eine Lösung. Auch wenn diese letztendlich eine sehr praktische Vorgehensweise sein sollte (aber nicht muss).

Die hier beschriebenen Beispiele sind trotzdem sehr elementar und die vorgeschlagenen Lösungswege zunächst einmal wenig spektakulär. Wahrscheinlich denken jetzt viele: „Darauf wäre ich auch allein gekommen." Allerdings: Wenn es so trivial ist, warum räumen wir dann so oft den Stein nicht einfach weg? Warum verschwenden wir immer wieder wertvolle Zeit und Energie mit dem Jammern über alle die Steine, die wir auf unserem Weg finden? Im Prinzip ist es wie mit dem berühmten Ei des Kolumbus: Wenn man erst einmal weiß, wie es geht, sind die Dinge auf einmal völlig klar: Wenn man seine Ziele kennt, stellt sich der Weg viel einfacher dar.

Diese einfachen Beispiele stehen stellvertretend für jedes beliebige Hindernis in jeden beliebigen Rahmen von Regeln und Vorgaben: Es lässt sich, allein oder mit der entsprechenden Hilfe, aus dem Weg räumen. Manchmal ist der Lösungsansatz einfach, wie bei dem Beispiel mit dem Stein, und manchmal fällt uns auch nach langem Nachdenken keine Möglichkeit ein, das von uns wahrgenommene Hindernis aus dem Weg zu räumen. Wir können uns nun um Hilfe bemühen, uns selbst in die Lage versetzen, mit dem Hindernis fertig zu werden (beispielsweise, indem wir neue Fähigkeiten lernen), oder unsere Ziele neu definieren und einen anderen Weg finden.

Das Wichtigste in einem solchen Prozess ist, sich über seine Wünsche klar zu werden („Ich wünschte, der Stein wäre nicht in meinem Weg"), die Wünsche in genau definierte Ziele zu übersetzen („Ich werde jetzt den Weg freimachen") und einen Maßnahmenplan (was: Stein aufheben und zur Seite legen, wer: Ich, wann: jetzt) umzusetzen. Im Prinzip funktioniert dies mit allen unseren Wünschen genauso. Manchmal ist es ganz einfach und manchmal ist der Stein vielleicht zu groß, um ihn problemlos beiseite räumen zu können. Dann müssen wir nach alternativen Wegen suchen, ohne aber das eigentliche Ziel aus den Augen zu verlieren. Beispielsweise könnte man Folgendes versuchen:

Beispiel

- Werkzeuge einsetzen (Brechstange, Traktor),
- sich Hilfe holen (Freunde, Handwerker, Psychologe),
- den Stein in kleinere Teile zerlegen (Hammer, Dynamit, phasenkoordiniertes Plasmagewehr),
- obige Punkte miteinander kombinieren,
- um den Stein herumgehen, darüber klettern oder einen Tunnel graben (war wirklich der Stein mein Ziel, oder der Weg dahinter?).

„Focused Thinking: Denken Sie anders

Die Probleme sind oft genug durchaus vorhanden (manchmal sind sie auch nur eingebildet), aber man kann sie lösen. Die Auffassung, es gäbe keinen Ausweg ist genauso falsch wie das ignorante Verleugnen von vorhandenen Barrieren (auch wenn diese Barrieren „lediglich" in unserer Vorstellung existieren). Eine Verneinung von Umständen ist nicht der richtige Weg, sondern die Transformation von Wänden in Türen, von Problemen in

Chancen und von Wünschen in Ziele und Aktivitäten und damit in reelle Möglichkeiten.

Materie ist ein Teil unserer Existenzebene, genauso wie Probleme Teil unserer Existenzebene sind. **Probleme sind nicht dazu da, um uns aufgeben zu lassen, sondern um an ihnen zu wachsen. Auch der Geist ist Teil unserer Existenz, und der kann Berge versetzen.**

Fangen Sie an, anders zu denken, entdecken Sie neue Lösungswege und schrecken Sie nicht vor großen Aufgaben zurück: „Der Mann, der den Berg abtrug, war derselbe, der anfing, kleine Steine wegzutragen" (Konfuzius).

4.7   Zusammenfassung des Kapitels

Es gibt keine objektive und gemeingültige Wirklichkeit. Jegliches Wirklichkeitsempfinden beruht auf Interpretation von Sinneswahrnehmungen. Diese Interpretation sieht, aufgrund von verschiedenen Lebenserfahrungen, bei jedem Menschen anders aus. Die sogenannte Realität ist das Produkt unserer Wahrnehmungen und deren Interpretation durch unser Gehirn. Wenn es also keine objektive Realität gibt, sind auch alle Barrieren ein Ergebnis individueller Interpretation. Verändern wir diese Interpretation, lassen sich Mauern in Türen verwandeln, Risiken in Chancen und unüberwindbare Hindernisse in Herausforderungen. Wir haben es zu einem großen Teil selbst in der Hand, ob wir uns zu der Person entwickeln, die fähig ist, unsere eigenen

Zielvorgaben zu erfüllen. Dazu müssen wir wissen, wohin uns die Reise führen soll, und aktiv an uns arbeiten. Es ist auch manchmal notwendig, sich Hilfe zu holen, wenn man alleine nicht weiterkommt.

4.8   Übungen zur Zielerreichung

4.8.1   Praktische Übung

Entwerfen Sie doch einmal eine Vision davon, wo Sie sich realistischerweise in fünf Jahren sehen wollen, wenn alles absolut perfekt läuft. In mittelständischen und großen Unternehmen ist dies Standard (s. auch Kapitel Ziele). Vielleicht haben Sie ja schon eine Vision für sich gefunden, die Sie begeistert?

4.8.2   Weiterführende Information

Materie lässt sich durchaus erstaunlich beeinflussen. Beispielsweise wird beim Placeboeffekt dem Patienten eine Substanz verabreicht, die keinerlei wirkungsvolle Komponenten enthält. Trotzdem führt die bloße Überzeugung, es würde sich um ein hochwirksames Medikament handeln, in vielen Fällen zu einer Besserung der Beschwerden oder sogar zur Genesung. Die Gedanken des Probanden (hier die positive Erwartungshaltung) haben einen direkten Einfluss auf der Zellebene und verändern hier tatsächlich Materie. Ob und mit welchem Wirkungsgrad dieser Effekt funktioniert, hängt dabei von mehreren Faktoren ab. Entscheidend ist aber immer die Einstellung des Patienten in Bezug auf die

Wirksamkeit des Medikaments, die Behandlungsmethode oder den behandelnden Arzt. So konnte nachgewiesen werden, dass ein höherer Preis des Placeboproduktes eine stärkere Wirkung bei den Patienten erzielt. Die Konditionierung („Was teuer ist, muss gut sein") funktioniert auch hier und beeinflusst die Wirksamkeit der Placebos entscheidend.

Übung Suchen Sie im Internet oder in entsprechender Fachlektüre nach „Placebo und Nocebo" und vertiefen Sie Ihr Wissen.

Literatur

Atwood HL, MacKay WA (1994) Neurophysiologie. Text-/Bild-Manual. Schattauer, Stuttgart

Grawe K (2000) Psychologische Therapie, 2. Aufl. Hogrefe, Göttingen, S 383

Weiterführende Literatur

von Förster H (1999) Wie wir uns erfinden. Eine Autobiographie des radikalen Konstruktivismus. Carl Auer, Heidelberg

Schnabel U (2007) Die Medizin des Glaubens. Die Kraft der Vorstellung kann Schmerzen lindern und Krankheiten kurieren. Auch die Religion kann zum Placebo werden. Die Wissenschaft erklärt, warum Jesus der perfekte Heiler war. Die Zeit 19.12.2007, Nr. 52, S 43

Waldenfels B (2004) Phänomenologie der Aufmerksamkeit. Suhrkamp, Frankfurt

5

Soll-Zustand

5.1 Was Sie in diesem Kapitel erwartet

Sie erfahren, wie man herausfinden kann, was die persönlichen Ziele sind. Es werden Werkzeuge vorgestellt, mit deren Hilfe man an der Definition der eigenen individuellen Ziele arbeiten kann. Wir sehen uns die Möglichkeit des Scheiterns an und welche Rolle Sorgen in unserem Leben oft spielen.

5.2 Wollen Sie ein Leben von der Stange, oder ein maßgeschneidertes?

Oft genug haben wir uns mit dieser Situation, so gut es geht, arrangiert. Selbstverständlich haben wir genug Entschuldigungen parat, falls wir uns doch einmal vor uns selbst oder anderen Menschen rechtfertigen müssen.

Trotzdem fühlen sich viele Menschen unwohl. Irgendetwas fehlt. Tief in ihrem Innern wissen sie, dass mehr möglich wäre oder dass der angezogene „Schuh" nicht passt. Das Leben, das wir aktuell leben ist oft nicht das Leben, welches

© Springer-Verlag Berlin Heidelberg 2016
P. Postinett et al., *Das Happy Life Construction Manual*,
DOI 10.1007/978-3-662-49436-3_5

wir gerne leben würden. Eine tiefer gehende Auseinander-
setzung mit unseren Wünschen und Zielen findet aber nicht
statt.

Die wichtigsten Fragen, die wir uns selbst stellen müssen,
sind deshalb:

* Ist das aktuelle Szenario wirklich schon alles, was für
  mich erreichbar ist?
* Ist mein aktuelles Leben genau das Leben, welches ich
  gerne leben möchte?
* *Was* sind meine wirklichen Ziele?
* Erreiche ich echte Selbstverwirklichung, indem ich mir
  und meinen Kindern einrede, was alles *nicht* möglich ist?
* Erreiche ich eine größere Zufriedenheit, indem ich meine
  anspruchsvolleren Bedürfnisse (oder Wünsche) einfach
  aus meinem Masterplan streiche und ich es mir auf dem
  Sofa bequem mache?
* Wer legt überhaupt fest, was für mich erreichbar ist?
* Werden wir ausschließlich durch die Konditionierung
  (und Sozialisation) während unserer Erziehung und den
  gerade aktuellen Anschauungen der Gesellschaft definiert, oder haben wir hier auch noch ein Wörtchen
  mitzureden?

Ich bin der festen Überzeugung, dass es unsere eigene
Entscheidung ist, ob wir ein Leben in der Konformität und
Anonymität oder im Haus am Strand führen wollen, ein
langweiliges oder ein aufregendes Leben, ein durchschnitt-
liches oder ein erfülltes Leben.

> **Es ist Ihre Entscheidung, ob Sie ein Leben führen wollen, das sich durch Konformität auszeichnet, oder eines, wie Sie es sich schon immer gewünscht haben. Es ist auch Ihre Entscheidung, ob Sie ein langweiliges oder ein aufregendes Leben, ein durchschnittliches oder ein erfülltes Leben führen wollen.**

Es ist möglich, die meisten unserer Ziele auch zu erreichen. Wir müssen dafür an unseren Zielen arbeiten. Wie wir bereits gesehen haben, haben sich die meisten Menschen niemals ernsthaft mit einer Zieldefinition befasst.

Seine eigenen Ziele nicht zu kennen heißt, nicht zu wissen, wohin der Weg eigentlich geht. So gesehen ist jeder Weg der richtige (oder eben der falsche). Heißt es nicht: „Alle Wege führen nach Rom"? Stellen Sie sich aber die Frage, ob Sie überhaupt nach Rom wollen und nicht vielleicht nach New York, Berlin oder irgendwo an den Strand oder in die Berge.

Viele ersetzen das Bedürfnis nach mentalen Zuständen wie Zufriedenheit, Glück und Ausgeglichenheit durch materielle Dinge. Die teure Uhr gibt uns für eine kurze Zeit ein Machtgefühl und erfüllt vorübergehend unser Bedürfnis, glücklich zu sein. Andere Menschen sehen diesen vermeintlichen Wohlstand und reagieren dementsprechend auf uns. Dies wiederum führt dazu, dass wir uns überlegen fühlen. In der Regel folgt die Ernüchterung jedoch recht schnell. Unser kurzes Überlegenheitsgefühl ist nicht das, wonach wir tatsächlich streben. Darüber hinaus bindet uns Besitz längerfristig. Statt uns besser zu fühlen, fühlen wir uns schlechter. Der reine Besitz materieller Dinge erzeugt nicht die gewünschte dauerhafte Befriedigung unserer innersten Bedürfnisse.

Wie lange freuen Sie sich über etwas neu Gekauftes? Wenn Sie ehrlich sind, ist der Effekt doch nach ein paar Wochen spätestens weg. Vielmehr bleibt die Leere, und man strebt unbewusst schon wieder nach etwas Neuem.

Eigentlich geht es darum, was es für uns bedeutet, wenn wir uns bestimmte Dinge leisten können: finanzielle Unabhängigkeit, eine gewisse Freiheit, sich Wünsche erfüllen zu können, die nur bedingt materieller Art sind (beispielsweise Reisen oder einer Tätigkeit nachzugehen, die zwar erfüllend ist, aber mit der sich kein oder nicht genug Geld verdienen lässt). Um ein wenig von dieser Freiheit erfahren zu können, kaufen wir uns materielle Dinge, die diese Freiheit repräsentieren. Damit arbeiten wir aber *nicht* an unseren eigentlichen Zielen und motivieren uns auch nicht nachhaltig. Wir handeln also kontraproduktiv.

> **Die Freiheit, sich Wünsche erfüllen zu können, um zu reisen oder einer Tätigkeit nachgehen zu können, die zwar in hohem Maße befriedigend, aber schlecht bezahlt ist, lässt sich nicht durch Konsum und Statussymbole kompensieren.**

Ist es wirklich die Harley, die wir unbedingt haben wollen, oder doch eher dieses Gefühl von Freiheit und Unabhängigkeit, welches sich vielleicht auch auf andere Weise verwirklichen lässt? Geht es uns wirklich um dieses große Haus oder lediglich um einen Platz für uns und um Ruhe vor dem ganzen Lärm? Wollen wir diesen supergroßen Fernseher und die Spielekonsole, oder wollen wir einfach nur weg aus dieser Realität in eine andere Welt, in der wir unser Leben selbst bestimmen und unsere eigenen Entscheidungen treffen können?

Doch woher sollen wir wissen, was uns wirklich glücklich machen würde? Wir werden von zahlreichen Akteuren mit angeblichen „Glücklichmachern" bombardiert: Die Werbung preist uns beliebige Produkte an, der Arbeitgeber winkt mit der Karriere, die Politik empfiehlt uns zahllose Zusatzversicherungen. Tatsächlich sollten wir uns bei jedem Angebot fragen, ob nicht der Anbieter den größeren Nutzen hat und uns nur unser Geld mit einem hohlen Versprechen aus der Tasche ziehen will.

Focused Thinking: Was wollen Sie?

In der Regel können die wenigsten Menschen die Frage, was sie eigentlich wollen, aus dem Stegreif beantworten. Wir setzen uns dafür viel zu wenig mit uns selbst und unseren Zielen auseinander. Unsere eigenen Vorstellungen verschwinden zu oft hinter den Kompromissen, die wir ständig eingehen (müssen) und den mehr oder weniger vorhandenen Sachzwängen. Mit der Zeit machen wir immer mehr das, was andere Menschen von uns erwarten (Sozialisation). Unser persönliches Glück tritt dabei in den Hintergrund.

Der erste Schritt auf dem Weg in unsere eigene Wirklichkeit ist herauszufinden, was wirklich unsere Ziele sind – und zwar losgelöst von allen Kompromissen, die wir meinen, eingehen zu müssen.

> Sobald wir wissen, wohin die Reise gehen soll, folgt die Planung, wie wir diese Ziele erreichen können. Basis für eine Zielerreichung ist dabei zuerst die unbedingte Fokussierung auf diese Ziele.

Viele von uns haben eine Erziehung genossen, in der das Träumen, das Nach-den-Sternen-Greifen, unerwünscht war und ein Streben nach Visionen lächerlich gemacht wurde. Hand aufs Herz: Was würden Sie Ihren Kinder sagen, wenn diese Ihnen mitteilen, sie würden gerne Erfinder, Rockstar oder Philosoph werden? Die meisten von uns würden wohl still bis 10 zählen und danach mit allen zur Verfügung stehenden Argumenten versuchen, die Kinder von etwas anderem zu überzeugen. Falls das nicht gelingt, würden einige wahrscheinlich zu Drohungen übergehen („Solange du die Füße unter meinen Tisch streckst, machst du, was ich dir sage!" oder „Okay, 3 Jahre Hausarrest!") und danach anfangen zu jammern („Bitte, bitte, tu das nicht!"). Der Mensch orientiert sich an seinem sozialen Umfeld, und eine Abweichung davon führt zu Unsicherheit, meist zu Ächtung und Spott, und stellt ein Risiko dar. Aus dieser Angst entscheiden wir uns meist für die „normale", aber sichere Variante.

Unsere Kinder lernen, dass hochgesteckte Ziele nicht erreichbar sind, und schrauben so ihre Zielvorstellungen immer weiter herunter: aus Rockstar wird irgendein beliebiger Job. Interessanterweise findet diese kategorische Ablehnung nur so lange statt, bis jemand den Gegenbeweis antritt und seine hochgesteckten Ziele verwirklicht hat. Danach sieht die Welt dann auf einmal ganz anders aus, frei nach dem Motto:

„Es ist solange unmöglich, bis es jemand macht."

Beispiel

Bevor die Brüder Wilbur und Orville Wright ihren Flugapparat, den „Flyer", bauten und das Gegenteil bewiesen haben, hieß es, dass nichts, was schwerer als Luft sei, jemals fliegen würde:

Am Vormittag des 17. Dezember 1903 schwang sich Orville Wright, nach Jahren harter Arbeit und unzähligen Fehlschlägen, mit dem „Flyer" in die Lüfte. Orville flog damals ganze 12 Sekunden lang und legte dabei 37 Meter zurück. Wilbur schaffte direkt danach sogar einen Flug von 59 Sekunden Länge und 260 Meter Flugstrecke. Der „Flyer" bestand vorwiegend aus Holz mit einer Stoffbespannung, und sein Fluggewicht betrug 340 Kilogramm – er war also erheblich schwerer als Luft. Zwar gab es schon vor dem Flug des „Flyers" einzelne Flugapparate, die „schwerer als Luft" waren und denen es zumindest gelungen war, vom Boden abzuheben, aber erst die Erfindung der Brüder Wright verhalf dem Motorflug zum Durchbruch. Die Brüder haben es vor allem geschafft, die Idee einer Flugmaschine zu einem brauchbaren und verkaufbaren Flugzeug weiterzuentwickeln. Nachdem nun der praktische Beweis angetreten war, dass sich die Vision von Orville und Wilbur Wright in die Praxis umsetzen ließ, waren die Brüder auf einmal gefeierte Luftfahrtpioniere und Visionäre.

Leider hat man aus solchen Erfolgsgeschichten bisher kaum etwas gelernt. Dementsprechend gelten weiterhin viele Visionäre als Spinner und deren Projekte als undurchführbar – zumindest solange, bis sie den Gegenbeweis antreten und ihre Vision verwirklichen. Sollten Sie einmal versuchen, in Europa eine Finanzierung für eine neue Geschäftsidee zu erhalten, werden Sie feststellen, dass dies nicht gerade einfach ist. Solange Sie noch nicht gezeigt haben, dass sich mit Ihrer Idee tatsächlich Geld verdienen lässt, erhalten Sie in der Regel Absagen. Problematisch hierbei ist, dass es oft erst einer Investition bedarf, um beweisen zu können, was die Idee wirklich wert ist. Hier beißt sich die Katze in den Schwanz: keine Investition, kein Produkt – kein Produkt, keine Investition. Das ist schade. Auf diese Weise gehen der Menschheit sicherlich einige interessante Erfindungen verloren. Es ist gut, dass neuerdings Crowdfundingplattformen auch Projekten eine Chance bieten, die noch nicht bis zur Marktreife entwickelt werden konnten.

Focused Thinking: Wir lernen nur, was nicht geht

Falls Sie eine gute Idee haben und diese bisher nicht verkaufen konnten, verlieren Sie nicht den Mut, sondern bleiben Sie unbedingt dran. Fast alle Erfinder mussten sich erst einmal durchsetzen und irgendwie beweisen, dass die Erfindung funktioniert. Bleiben Sie hartnäckig, suchen Sie sich Verbündete, glauben Sie fest an den Erfolg und lassen Sie sich durch Misserfolge nicht aus der Bahn werfen.
Wir lernen nicht was geht, sondern wir lernen, was nicht geht, und müssen unsere Umwelt dann mühsam und oft im Alleingang davon überzeugen, dass es doch geht.

Die Architekten unseres Lebens, unserer Realität, sind also oft genug nicht mehr wir selbst. Es gibt einen großen Masterbauplan, der uns allen ganz genau sagt, was machbar ist und was nicht. In der Reihenhaussiedlung ist noch eine Lücke frei, und die lässt sich nur auf eine genormte Art und Weise füllen. Unser eigenes Haus muss sich in die Lücke einpassen und möglichst genauso aussehen wie die Häuser unserer Nachbarn. Eine Abweichung von diesem Bauplan verschandelt die ganze Gegend und wird deshalb nicht genehmigt. Die Gesellschaft bevorzugt Herdentiere und keine einsamen Wölfe. Konformität sichert sozialen Frieden, verhindert aber individuelle Entfaltung und Fortschritt!

Wir werden in ein fertiges soziales und stark wirtschaftlich geprägtes System geboren. In diesem System sind Rollen definiert, die die Nachkommenden übernehmen müssen, damit das etablierte System weiter funktioniert. Es gibt eine Abstufung von Wohlstand, in die man über familiäre Herkunft oder Beruf eingeordnet wird. Schon der Schulabschluss bestimmt, was man werden kann (Allokation und Selektion). Nicht jeder kann (nach der geltenden Denkweise!) vermögend sein. Also muss vielen ein niedrigerer Standard zugewiesen werden – nicht zuletzt müssen ja auch viele „niedrigere" Aufgaben erledigt werden (Fend 2006).

Die meisten Menschen setzen sich schon deshalb keine großen Ziele im Leben, weil sie Angst davor haben, zu scheitern. Das bedeutet gleichzeitig leider auch: Die meisten Menschen haben keine Chance auf den Hauptgewinn, denn sie kaufen erst gar kein Los. Viele lassen auch nicht zu, dass sich andere Menschen ein großes Ziel setzten – kurioserweise aus Angst, es könnte tatsächlich verwirklicht werden. Der Mensch hat das Bedürfnis, in seinem Umfeld den höchsten Status zu haben. Sollte jemand etwas riskieren und gewinnen, dann hat er einen höheren Status. Seien Sie also misstrauisch, wenn andere Sie kritisieren. Sollten Sie etwas wagen und dann Erfolg haben, müssten Ihre Kritiker eingestehen, dass sie unrecht hatten, denn:

> **Man kann seine Wünsche wahr werden lassen!**

Genauso genormt wie unser Haus und unsere Kinder sollte auch unser Lebenslauf sein. Am liebsten ist den meisten Personalern eine runde und stimmige Historie. Ecken und Kanten müssen geschliffen, begründet, verkauft oder gar weggelassen werden. Niemand nimmt sich die Zeit, Sie genau anzuschauen, Sie müssen perfekt wirken und das nach der geltenden Norm. Am besten, es lässt sich eine Schablone an jeden Lebenslauf anlegen. Das Leben führt uns idealerweise zielgerichtet und auf schnurgerader Autobahn in eine Zukunft, in der wir einen uns zugewiesenen Platz in der Gesellschaft einnehmen. Wer hieran Anstoß nimmt, ist ein Querulant. Es gibt keinen Spielraum für Irrtümer und kein Verständnis für gescheiterte Versuche, seine eigenen Vorstellungen in die Tat umsetzen – Risikofreude zählt nur etwas, wenn man gewonnen hat, ansonsten ist man ein Versager. Man zeigt damit letztendlich nur seine Unzuverlässigkeit. Und welche Firma interessiert sich schon für unzuverlässige Mitarbeiter? Es ist für Recruiter wesentlich sicherer, Kandidaten auszuwählen, die „funktionieren". Niemand erwartet einen Überflieger, aber alle erwarten einen „Funktionierer". Besser also keine Experimente wagen und die vermeintlich problemlose Variante wählen.

So zumindest versucht es uns unsere gesellschaftliche Konditionierung zu vermitteln. Aber Achtung: *Sie* entscheiden, wie Ihre Realität aussieht. Sie müssen mit dieser Entscheidung eventuell ein Leben lang klar kommen, sie tragen auch die Konsequenzen Ihrer Entscheidungen.

Tipp Bei Bewerbungen sollte man versuchen einen Bogen um die Personalabteilungen zu machen und die Entscheider in den Fachabteilungen und/oder in der Geschäftsleitung direkt anzusprechen – diese schauen nicht so sehr darauf, ob der Lebenslauf technisch korrekt ist, sondern ob der/die Kandidat(in) in eine Lücke passt.

5.3 Definieren Sie Ihre Ziele

Werden Sie also zu Ihrem eigenen Realitätsarchitekten, und erstellen Sie einen eigenen Plan Ihrer Zukunft. Entwerfen Sie das Leben, welches Sie unbedingt leben wollen, und fokussieren Sie sich dann auf die Umsetzung Ihrer Vorstellungen. Werfen Sie dazu alte Konditionierungen über Bord und erinnern Sie sich an Ihre Vision eines lebenswerten Lebens. Was wollten Sie schon immer sein? Wie wollten Sie schon immer leben? Nehmen Sie sich genug Zeit für eine Antwort. Ihre Ziele sollten Sie begeistern und in Ihnen eine Art Aufbruchsstimmung wecken. Wenn Sie es kaum noch erwarten können, endlich anzufangen, dann sind Sie auf einem guten Weg.

Werden Sie zum Architekten Ihrer Realität!

Dazu müssen wir uns zuerst einmal mit unseren Vorstellungen genau auseinandersetzen. Wie soll unser Traumhaus einmal aussehen? Wo steht es, wie viele Fenster und Türen bauen wir ein, hat es einen Garten, eine Dachterrasse und eine große Garage? Wir müssen also unser Ziel recht genau kennen, um diesen Plan zeichnen zu können. Das geht in der Regel nicht von heute auf morgen. Unser Glaube an die vermeintlich absolute Realität ist dafür zu tief in uns verankert.

In meinem Buch (Peter Postinett) *Der Eklipse-Effekt* habe ich ein sehr gutes Hilfsmittel vorgestellt, mit dem sich unsere Ziele detailliert darstellen lassen: Pin- oder Magnetwände, an die man Fotos, Überschriften oder einzelne Wörter heften kann, um Ziele anschaulich zu machen. Sie erhalten auf diese Weise mit der Zeit einen guten und reflektierten Überblick über das, was Ihnen wirklich wichtig ist.

Wir fangen also mit einer Vision an und statten sie nach und nach mit mehr Details aus. Dazu orientieren wir uns nicht an dem, was unser Leben bisher ausgemacht hat, was wir gelernt haben oder was uns konditioniert hat. Fühlen Sie sich frei, auch rosarote Plüscheinhörner, Luxusvillen und Mondreisen in Ihren Katalog mit aufzunehmen. Lassen Sie Ihrer Fantasie freien Lauf. Mit der Zeit werden die Wünsche verschwinden, die für eine anhaltende Zufriedenheit mit dem Leben doch nicht so wichtig sind. Sie können auf diese Weise Ihre Wünsche sammeln und transparent machen. Sie erkunden Ihre Träume und haben sie bildlich vor sich. Sie machen sie sich bewusst und können sie zum ersten

Mal klar vor Augen sehen. Und Sie können Ihre Visionen dann kritisch betrachten, aussortieren, umsortieren, verändern und ergänzen.

Grundsätzlich gilt: Je präziser Sie das Ziel definieren können, desto bessere Chancen haben Sie, das gesetzte Ziel zu erreichen. Definieren Sie dabei nicht nur das eigentliche Ziel, sondern auch möglichst viele Begleitumstände, wie beispielsweise wann Sie Ihr Ziel erreichen wollen. Wenn Sie sich beispielsweise vornehmen, ein bestimmtes Haus zu kaufen oder zu bauen, beschreiben Sie das Haus so genau wie möglich. Versuchen Sie auch einzugrenzen, wo sich das Haus befinden soll, und legen Sie sich einen machbaren Zeitplan zurecht. Beachten Sie dabei, sich nicht selbst so unter Druck zu setzen, dass es für Sie demotivierend wird. Ein gewisser Druck ist hilfreich, zu viel Druck ist kontraproduktiv. Wenn es sich um wirkliche Ziele handelt, werden Sie von ganz alleine für eine gewisse Dringlichkeit sorgen.

Wir können uns mit der Zeit eine Wirklichkeit erschaffen, die erheblich näher an unseren Visionen, Wünschen und Vorstellungen einer lebenswerten Welt ist. Wir haben es in der Hand, eine Realität zu gestalten, die bunter, freier und großzügiger ist – eine alternative Wirklichkeit, die uns erfüllter und zufriedener macht.

Fragen Sie sich im Detail „Wo will ich hin?" und beantworten Sie ganz ehrlich die Frage: „Wo bin ich jetzt?" Die Differenz zwischen dem Hier und Jetzt und Ihrem Ziel ist der Weg, der zurückgelegt werden muss. Auch wenn dieser Weg lang erscheint, sollte uns das nicht erschrecken. Jeder Schritt, den wir gehen, bringt uns näher an unsere Ziele. Endlich wissen wir, was wir wirklich wollen und machen den ersten (den wichtigsten) Schritt. Elementar ist es, dass

Ihre großen Ziele in kleine Schritte zerlegt werden, sonst werden Sie kaum Erfolge auf Ihrem langen Weg haben und gar nicht merken, wie Sie vorankommen. Sie brauchen Wegmarken, auf die Sie zugehen können, damit Sie sich über Fortschritte freuen können.

Focused Thinking: Was bringt mich weiter?

Je anspruchsvoller unsere Ziele sind, desto wahrscheinlicher wird es, dass sich Probleme ergeben, denen wir uns stellen müssen. Wir müssen Kompromisse eingehen und verhandeln. Vor allem, wenn unsere Ziele eher immaterieller Art wie beispielsweise „Familie" oder „Freundschaft" sind, müssen wir uns natürlich mit den Vorstellungen unserer Partner und Freunde auseinandersetzen und diese auch ernst nehmen.

Die Frage, die wir uns vor einer wichtigen Entscheidung stellen sollten, ist: „Welche Option bringt mich meinem Ziel näher?"

Es geht also darum, Ziele zu definieren, und danach einen Plan, eine Strategie, zu entwickeln, wie wir diese Ziele erreichen wollen. Wir fokussieren uns auf diese Ziele und arbeiten konsequent an deren Verwirklichung, indem wir Aktionen ausführen, die in irgendeiner Weise diese Ziele unterstützen und Aktionen vermeiden, die uns nicht bei der Zielerreichung helfen oder sogar hinderlich wären.

Viele Firmen haben sich eine Vision als Fernziel gesetzt, beispielsweise Marktführer in einem speziellen Marksegment oder die bekannteste Marke in einem Land zu werden.

Als Privatperson hat man andere Ziele, aber im Grunde genommen läuft es auf das Gleiche hinaus: Ich habe eine Vision, die mich motiviert, die – mit großer Anstrengung und der nötigen Prise Glück – umsetzbar erscheint. Diese Vision wird zu unserem Motor. Wir richten unser Handeln darauf aus, genau diese Vision umzusetzen, und tun alles dafür, sie Realität werden zu lassen. Auch hier gilt wieder: Wir müssen uns zuerst Klarheit darüber verschaffen, ob diese Vision auch tatsächlich das ist, was wir uns wünschen. Nicht selten stellt man erst, wenn man sein Ziel erreicht hat, fest, dass man gar nicht glücklicher und zufriedener ist, als man es vorher war. Es stellt sich stattdessen eine gewisse Leere ein, weil man jetzt noch nicht einmal ein Ziel hat, auf welches man hinarbeiten kann. Man hat sich quasi selbst seiner Vision beraubt, indem man diese verwirklicht und gleichzeitig festgestellt hat, dass diese Vision doch kein wirkliches Ziel war. Dann hilft nur, sich die Zeit zu nehmen und neue Ziele zu definieren.

5.4 Erstellen Sie einen Maßnahmenplan

Neben der Vision gibt es auch einen Maßnahmenplan, der idealerweise den Weg beschreibt, wie man seine Vision erreichen möchte. Es geht also nicht darum, sich in Tagträumereien zu verlieren, sondern seine Ziele zu identifizieren und sich danach einen Plan zurechtzulegen, wie man diese Ziele erreichen will. Es reicht nicht aus, lediglich seine Einstellung oder seine Ansichten zu verändern. Wir müssen ebenfalls unser Verhalten der veränderten Einstellung anpassen, eine Umsetzungsstrategie entwickeln.

> **Eine Träumerei besteht losgelöst von jeglicher Umsetzungsstrategie, eine Vision wird durch eine solche Strategie prinzipiell erreichbar und unterscheidet sich dadurch essenziell von jeglicher Träumerei.**

Den Traum, Millionär zu sein, haben zwar viele Menschen, doch die meisten tun nichts dafür, um ihn Realität werden zu lassen.

Ziele sollten auch Visionen sein. Wenn ich mir vornehme, nächstes Jahr 3 % mehr Umsatz zu generieren, werde ich in den meisten Fällen – wenn überhaupt – auch nur 3 % mehr Umsatz machen. Wenn meine Vision aber ist, in 5 Jahren Marktführer zu sein, muss ich eventuell 100 % mehr Umsatz generieren. Hier werden jetzt viele mit dem Kopf schütteln und dies als unrealistisch abtun. Es kommt in unserer Erfahrung nicht allzu häufig vor, dass jemand von einem Jahr auf das andere 100 % mehr Umsatz macht. Weil wir es nicht kennen, halten wir es für nicht möglich. Dabei ist dies gar nicht so ungewöhnlich, wie es sich zunächst anhört. Wenn Sie bei Google „100 Prozent Umsatzsteigerung" eingeben, erhalten Sie etwa 60.000 Treffer (Stand Januar 2014). Viele Links führen tatsächlich zu Beispielen, in denen Firmen ihren Umsatz in relativ kurzer Zeit um 100 % oder mehr gesteigert haben.

Die Grenzen werden oft von uns selbst gezogen. Unsere Erfahrungen, unsere Sinne, unsere Konditionierungen, die Meinungen unserer Mitmenschen, unser Elternhaus –

all dies sind letztendlich Puzzleteile eines ganz individuellen Konstrukts, welches wir umgangssprachlich als Realität oder Wirklichkeit bezeichnen. Dabei verwenden wir Mittelwerte. Ein Umsatzsprung von 3 % ist glaubhaft, weil wir schon häufig davon gehört haben, und außerdem ist ein solches Ziel bequem, weil wir uns damit nicht selbst unter allzu hohen Druck setzen oder uns dem Spott unserer Kollegen ausliefern. In unserer Gesellschaft wird leider ein Nichterreichen des proklamierten Zieles unweigerlich mit Versagen gleichgesetzt. Das ist ein großer Irrtum.

Beispiel

Ich habe folgende Geschichte in einer Firma selbst erlebt:

Ich arbeitete in einem mittelständischen Unternehmen. Wir waren gerade in der heißen Budgetplanungsphase. Einer unserer Gebietsleiter (A) gab in seinem Budgetplan eine Umsatzerhöhung von 1,5 % als realistische Einschätzung für das kommende Jahr an – die Zeiten sind hart, und das Geld liegt nicht mehr auf der Straße (ob es das überhaupt jemals getan hat, bezweifle ich). Der Gebietsleiter eines angrenzenden Gebiets in Deutschland (B) meinte damals, er schaffe durchaus auch 10 bis 12 % Umsatzsteigerung, wenn einige Voraussetzungen, wie beispielsweise eine stärkere Marketingunterstützung, erfüllt würden – und zwar ohne die Preise zu senken. Die Budgets wurden mit einigen Diskussionen verabschiedet. Am Ende des kommenden Jahres hatte Außendiensler A die prognostizierten 1,5 % um 0,3 % übertroffen und erhielt dafür einen Pokal. Außendiensler B hatte den Umsatz „nur" um 5 % gesteigert und somit sein Budgetziel deutlich verfehlt. Man hat ihn zwar gelobt, aber von da an kaum noch ernst genommen, wenn über Ziele und

Budgets gesprochen wurde. Die in den Umsatzstatistiken ausgewiesene Plan-Ist-Differenz war einfach zu groß. Von da an wurden die Meinungsäußerungen dieses Gebietsleiters mit einem Scherz über sein nicht erreichtes Ziel quittiert, bis er kurz darauf gekündigt hat (und die Firma eines ihrer größten Talente verloren hat).

Das ist natürlich nicht gerecht, denn B hat den Umsatz ja deutlich mehr gesteigert als sein Kollege A. Darüber hinaus hat Außendienstler B eventuell viel mehr zur Umsetzung der Unternehmensvision beigetragen. Die Regel sagt aber: „Gib realistische Zielvereinbarungen ab." Was immer mit „realistisch" auch gemeint sein mag. Es ist besser, die Vorhersage einzuhalten, als nach den Sternen zu greifen und „nur" auf dem Mond zu landen. Außendienstler B hat diese Regel gebrochen und wurde dafür „bestraft" (schließlich waren seine Umsatzauswertungen das ganze Jahr über im roten Bereich – zumindest im Vergleich zum Plan). Wer diese Regel eigentlich aufgestellt hat und ob sie in diesem Fall sinnvoll angewendet werden kann, ist offensichtlich irrelevant. Im Normalfall wird ein Mitarbeiter wie Außendienstler B nächstes Jahr ebenfalls ein „realistisches" Ziel abgeben, welches natürlich deutlich unter den ambitionierten Vorlagen des vergangenen Jahres liegt, aber relativ sicher zu erreichen ist (oder er wird kündigen). Ein Mitarbeiter wie Gebietsleiter A weiß wahrscheinlich ebenfalls sehr genau, was geht und was nicht geht. Er kann die 1,8 % erreichen, ohne sich dafür allzu sehr anstrengen zu müssen. Wenn er dazu einen Plan von nur 1,5 % abgibt, präsentiert er sich außerdem noch sehr gut selbst. Den Schaden hat das Unternehmen, welches Planungsgenauigkeit über Pioniergeist stellt und den Zielerreichungsgrad an Planwerten festmacht und nicht am Potenzial (selbstverständlich muss man das Kostenbudget dann dem erhöhten Risiko anpassen).

In solchen Situationen stelle ich mir immer folgende Frage:

* Wenn es möglich war, dieses oder jenes Ziel zu erreichen, wäre es dann vielleicht auch möglich gewesen, ein viel anspruchsvolleres Ziel zu erreichen? Warum probieren wir es nicht aus?

Wir müssen dazu natürlich unsere Sichtweise ändern und ein Scheitern als wahrscheinlicher einkalkulieren. Wenn man sich aus Angst davor, sich zu blamieren oder zu scheitern, keine wirklichen Ziele setzt, kann man es im Prinzip auch gleich lassen.

Um Visionen umsetzen zu können, muss man unweigerlich das Risiko einkalkulieren, das sich die Dinge nicht wie geplant entwickeln. Davon sollte man sich aber nicht abhalten lassen (Frustrationstoleranz). Wichtig ist, aus dem Versuch zu lernen, seine Bemühungen zu intensivieren und es wieder zu versuchen – entwickeln Sie Abwehrkräfte für Misserfolge. Im Prinzip ist alles, was wir tun, mit einem Risiko behaftet. Die Entscheidung für das eine oder für das andere Ziel basiert oft auf unserer Einschätzung, welches Risiko unserer Meinung nach kalkulierbarer und beherrschbarer ist und in welchem Verhältnis dieses Risiko zu dem zu erwartenden Ergebnis steht. Unsere Entschuldigung im Falle eines Scheiterns ist die Unvorhersehbarkeit der speziellen Umstände. *Ich* habe alles richtig gemacht, das Risiko war kalkulierbar. Die Umstände haben sich einfach nicht an meine Vorhersage gehalten. Viele Menschen nehmen sich bietende Möglichkeiten nicht wahr, weil sie Angst haben zu versagen, weil das Risiko vielleicht nicht doch so kalkulierbar ist, wie sie es gerne hätten, und weil sie fürchten, sich zur Zielscheibe für den Spott anderer Menschen zu machen. Ich meine, diese Menschen verzichten aus purer Angst auf die Erfüllung ihrer Träume. Versuchen Sie es, und wenn Sie hinfallen, stehen Sie auf und versuchen Sie es noch einmal.

> **Wir sind keine Verlierer, wenn wir scheitern. Wir sind Verlierer, wenn wir es nicht versuchen.**

Info-Kasten: „Resilienz"

Als Resilienz wird die Eigenschaft von Menschen verstanden, mit Problemen und Belastungen erfolgreich umzugehen. Es geht um die Faktoren, aufgrund derer manche Menschen an einer Krise scheitern und andere nicht. Dabei gibt es keine klaren Maßnahmen, die resilient machen. Es geht mehr darum, welche Einstellung und Denkweisen man hat, welche Verhaltensweisen man abrufen kann und wie frei oder festgelegt man ist. Viele Denkweisen erwerben wir, z. B. „Man kann ja doch nichts ändern". Andere erleichtern uns das Leben, z. B. „Ich bin halt so". Eine wichtige Rolle spielen Bewertungen: Ist ein Fehler gleich „eine Katastrophe", oder ist es nur „blöd gelaufen"? Viele Menschen haben auch gelernt, ihre Fehler zu vertuschen oder gut zu verkaufen, andere versinken vor Scham im Boden und leiden noch Tage darunter (Wunsch 2013).

Focused Thinking: Sorgen sind sinnlos

Wenn ich mir ernsthaft überlege, wie viel Prozent aller Sorgen, die ich mir jemals gemacht habe, berechtigt waren, komme ich vielleicht auf 2 oder 3 %. Mindestens 97 % aller Sorgen waren also unnötig. Ich habe Zeit und Kraft damit vergeudet, mir Szenarien auszumalen, die nicht eingetreten sind und auch niemals eintreten werden, anstatt meine Kreativität auf die Erreichung meiner Ziele zu verwenden. Ich habe Szenarien erfunden, die mich demotiviert und frustriert haben.

Ich denke, ich bin damit in guter Gesellschaft. Die meisten Menschen geben negativen Gedanken zu viel Gewicht und sorgen sich um Dinge, die niemals geschehen werden. Dieses Verhalten habe ich in ganz Europa beobachten können, allerdings ist es in Deutschland ganz besonders ausgeprägt. Nicht umsonst sind wir Deutsche so überversichert. Es scheint tatsächlich Teil unserer Kultur zu sein, „vor-zu-sorgen" (ganz im Sinne von: „Ich mach mir schon mal Sorgen, wird schon für irgendetwas gut sein …").

5.5 Sorgen und Ängste

Vorauszuplanen ist bis zu einem gewissen Grad ja auch gut und richtig, nur wird dieses Verhalten leider sehr oft überzogen, und dann ist es natürlich kontraproduktiv. Wir erfinden aufgrund persönlicher Wahrscheinlichkeitsberechnungen Horrorszenarien und fangen an, uns schlecht zu fühlen.

Dieser Schmerz ist unnötig, da er nicht auf tatsächlichen Sachverhalten beruht, sondern stattdessen auf lediglich eingebildeten oder befürchteten Umständen.

Info-Kasten: Sorgen und Ängste

Sorgen und Ängste sind Befürchtungen, dass etwas Negatives geschehen könnte. Es gibt bekanntlich Menschen, die sich kaum Gedanken machen („Was soll schon schiefgehen?"), und Menschen, die sehr vorsichtig sind („lieber auf Nummer sicher"). Die meisten Sorgen und Ängste sind aber unrealistisch und übertrieben. Sie werden oft geschürt (z. B. von Versicherungen) und werden stark von Eltern an Kinder weitergegeben. Wenn Sie Ihre Sorgen oder Ängste beurteilen wollen, dann schreiben Sie sich auf, wie bedrohlich (d. h. wie schlimm) die Sorge oder Angst für Sie ist, und zwar auf einer Skala von 1 bis 100 (100 ist sehr schlimm). Als Nächstes schreiben Sie auf, wie wahrscheinlich es ist, dass das Befürchtete eintrifft (ebenfalls von 1 bis 100, wobei 100 für „sehr wahrscheinlich" steht). Um die Wahrscheinlichkeit einzuschätzen, überlegen Sie sich, was tatsächlich passieren müsste, damit die Befürchtung eintritt. Besprechen Sie Ihre Angst mit jemand anderem und lassen Sie sie von ihm einschätzen. Sie werden merken, dass jeder andere Befürchtungen hat und dass Sie sich gegenseitig sehr gut zu einer realistischeren Einschätzung verhelfen können. Allerdings ist es auch gut, wirkliche Gefahren zu identifizieren (Comer 2001).

Die Zukunft ist nicht vorhersagbar, es gibt weder Garantien für das Eintreffen oder für das Ausbleiben eines gewünschten oder auch befürchteten Ereignisses, noch lässt sich voraussagen, ob unsere momentane Komfortzone auch morgen noch existiert. Dementsprechend sind alle Planungen und Annahmen über zukünftige Ereignisse lediglich Wahrscheinlichkeitsberechnungen, die eintreffen können oder auch nicht.

Es geht ja nicht darum, keine Vorsorge für bestimmte Situationen zu treffen, die möglicherweise irgendwann einmal eintreten können. Die Vollkaskoversicherung für das Auto ist also durchaus sinnvoll. Es ist aber nicht sinnvoll, sich darüber zu sorgen, ob vielleicht jemand so unverschämt ist und den Lack am geparkten Wagen zerkratzt und uns somit zwingt, von der Versicherung Gebrauch zu machen.

Wenn es Ihnen also ähnlich wie mir geht und Sie sich bisher über Dinge Sorgen gemacht haben, von denen die meisten dann doch niemals eingetreten sind, warum sollten wir dann in Zukunft genauso weitermachen? Solche Horrorszenarien zu erfinden kostet uns Kraft und Zeit. Stattdessen stellen Sie sich doch lieber vor, was Ihnen heute alles an guten Dingen passieren könnte. Das ist im Prinzip genau der gleiche gedankliche Prozess, allerdings mit „Happy End".

Ganz ähnlich verhält es sich mit verpassten Gelegenheiten und Vorfällen in unserer Vergangenheit. Es ist notwendig, aus unseren Fehlern zu lernen und so mit jedem Fehler ein bisschen „weiser" zu werden. Es ist allerdings unsinnig, unter den vergangenen Fehlern immer weiter zu leiden und sich selbst (und andere) immer wieder dafür zu bestrafen. Achten Sie auf Ihre Bewertungen: Ist ein Fehler „schon lang rum ums Eck" oder „eine ewige Schmach, die nie wieder geschehen darf"? Unser Denken sollte sich auf Problemlösung konzentrieren und sich weder auf ungewisse Zukunftswahrscheinlichkeiten noch auf die nicht mehr veränderbare und zudem in unserer Erinnerung verzerrte Vergangenheit fokussieren. Erlauben Sie vergangenen, nicht mehr veränderbaren Gegebenheiten nicht, Ihre Gegenwart negativ zu beeinflussen. Das Vergangene ist vergessen, das Kommende ist ein Resultat dessen, was wir *jetzt* denken und tun.

Was wir Denken beeinflusst unser Verhalten, und unser Verhalten wirkt sich auf unsere Realität aus. Stellen Sie sich beispielsweise einen wirklich guten Horrorfilm oder Psychothriller vor. Wenn Sie nur daran denken, hebt sich die Herzfrequenz. Stellen Sie sich einen Sexfilm – so lebhaft wie es nur geht – vor und nehmen Sie eventuelle Reaktionen Ihres Körpers war. Denken Sie an besonders harmonische, ärgerliche, traurige oder sehr lustige Erlebnisse oder auch an die rotzfrechen Antworten Ihrer Kinder im Teenageralter. Sie werden in der Regel an sich selbst verschiedene Symptome als Reaktion auf diese Gedanken beobachten können. Ihr Pulsschlag wird schneller, Sie fühlen sich wohl oder unwohl, Ihre Stimmung hebt sich, oder Sie bekommen schlechte Laune. Ihre gute oder schlechte Laune wiederum provoziert eine Reaktion Ihrer Umwelt auf Ihr Verhalten, welches aus dieser Laune resultiert, und somit haben Ihre Gedanken eine direkte Auswirkung auf Ihre Realität. Wenn wir also einen großen Teil unserer Gedanken unseren Sorgen und/oder einer nicht determinierten und nicht vorhersagbaren, aber selbstlimitierten und düsteren Zukunft widmen, identifizieren wir uns mit diesen trüben und limitierenden Gedanken. Wir spiegeln diese Sorgen in unserem Verhalten wider und provozieren eine entsprechende Reaktion unserer Umwelt auf dieses Verhalten. Die Wahrscheinlichkeit, dass negative Ereignisse eintreffen, erhöht sich aufgrund unserer eigenen Handlungsweise. Darüber hinaus geht es uns schlecht, obwohl das Ereignis noch nicht einmal stattgefunden hat. Lediglich die Befürchtung, dass es eintreten könnte, reicht schon aus, um unseren Mut schwinden zu lassen und uns einen schlechten Tag zu bescheren.

Konditionieren wir uns zu einer positiven Grundhaltung, wird sich dies ebenfalls in einer Reaktion unserer Umwelt zeigen – und zwar in einer positiven. Uns geht es gut und wir strahlen dieses Gefühl auch aus. Wir fühlen uns sicherer und können unsere neuen Ziele von einer viel besseren Startposition aus angehen.

Info-Kasten: Kognitive Umstrukturierung

All Ihre Erfahrungen und Denkweisen (Kognitionen) bilden eine stabile Struktur, die Ihnen ein einfaches Entscheiden und Verhalten ermöglicht, ohne dass Sie lange über alles nachdenken müssen. Wenn Sie eine positivere Grundhaltung erwerben möchten, müssen Sie sich „umkonditionieren" oder besser „umstrukturieren": Diese Umstrukturierung Ihres Denkens bedeutet eine Veränderung Ihrer neuronalen Bahnung. Denken Sie daran, dass das einem Training gleichkommt, das man lange durchführen muss. Achten Sie darauf, nicht wieder reflexmäßig in Ihre alten (Hirn-)Muster zu verfallen. Eine tiefgreifende Veränderung benötig Konzentration, Häufigkeit und Dauerhaftigkeit: Versuchen Sie immer und möglichst oft daran zu arbeiten und halten Sie es über mehrere Monate durch (Wilken 2013).

Wir sind fähig, unseren eigenen Film in unserem Kopfkino laufen zu lassen, und zwar in einer Dauervorstellung. Wir können uns konditionieren, die positiven Aspekte unseres Lebens in unserer Wahrnehmung in den Vordergrund zu stellen und so erfolgreicher zu sein. Wann immer sich ein Sorgenszenario aufdrängt, denken Sie sich aus, wie Sie dieses Szenario überwinden. Konzentrieren Sie sich nicht auf die Sorgen, sondern auf die Überwindung dieser Sorgen. Machen Sie sich zum Helden in Ihrem Kopfkino und visualisieren Sie nur die Vorstellungen mit „Happy End".

5.6   Zusammenfassung des Kapitels

Ohne die eigenen Ziele genau zu kennen, treiben wir im Leben vor uns hin, und die Strömung leitet uns einmal hierhin und einmal dorthin. Ob wir dann zufrieden damit sind, hängt nur vom Zufall ab. Es ist essenziell, sich intensiv damit auseinanderzusetzen, was man mit seinem Leben anstellen möchte. Was will man unbedingt erreichen, wo will man unbedingt sein und was will man unbedingt tun? Es geht darum, so zu leben, dass man an seinem letzten Tag nichts bedauert. Darum müssen wir zuerst unsere wirklichen Ziele herausfinden. Dazu gibt es wirksame Hilfsmittel wie Pin- oder Magnetwände, auf denen man Ziele deutlich machen kann.

Wir lassen uns dabei nicht von Sorgen einschränken, dann die meisten Sorgen, die wir uns machen, sind unbegründet. Sich nicht von Sorgen beeinflussen zu lassen heißt dabei nicht, Risiken zu ignorieren, sondern bewusst mit ihnen umzugehen. Wir müssen akzeptieren, dass es diese Risiken gibt, dürfen uns aber nicht davon aufhalten lassen. Wir schließen eine Versicherung für unser Auto ab, gehen aber trotzdem das Risiko ein und bewegen uns im Straßenverkehr. Im übertragenen Sinne tun wir das Gleiche auch bei unserer Lebensplanung. Wenn wir Auswandern wollen, ist dies selbstverständlich mit Risiken verbunden. Das heißt aber nicht, dass wir es deshalb nicht tun werden. Wir analysieren die Risiken und bauen so gut es eben geht vor, dann aber werden wir aktiv und setzen unsere Ziele Schritt für Schritt um.

5.7 Übungen zur Zielerreichung

5.7.1 Ziel- oder Visionboard erstellen

Erstellen Sie ein Visionboard
1. Zur Produktion eines solchen Ziel- oder Visionboards beschaffen Sie sich eine geeignete Grundfläche (eine Pinnwand oder ein Magnetboard, einen Bogen Packpapier, ein Stück Karton etc.) und schneiden beispielsweise aus Zeitschriften Vorlagen aus, die Ihre Ziele bestmöglich visualisieren. Das kann eine glückliche Familie, ein schönes Haus, ein tolles Auto, Gesundheit, Rauchfreiheit oder jegliches sonstige Ziel sein, von dem Sie träumen. Wenn

Sie etwas Passendes gefunden haben, nehmen Sie dieses Bild (oder das Wort) und heften es an Ihr Zielboard. Achten Sie darauf, dass die Begriffe und Bilder austauschbar sind – also nichts mit Sekundenkleber fixieren.

2. Stellen Sie diese Ziele immer wieder in Frage: Mit der Zeit wird sich dieses Board mit Bildern und Begriffen füllen, die Ihre Vision eines erfüllten Lebens widerspiegeln. Sie werden Bilder wieder entfernen, weil Sie vielleicht ein passenderes Beispiel gefunden haben oder weil Sie nach reiflicher Überlegung zu dem Schluss gekommen sind, dass Sie doch ein anderes Ziel haben. Vielleicht verändern Sie auch die Anordnung der Bilder und Worte auf dem Board. Beispielsweise ist die Familie für Sie am wichtigsten und findet sich deshalb im Zentrum oder ganz oben auf der Vorlage wieder.

3. Hängen Sie Ihr Board an einem Ort auf, an dem Sie es täglich sehen. Nehmen Sie sich jeden Tag ein wenig Zeit und lassen Sie sich inspirieren. Stellen Sie sich vor, wie es ist, in diesem Haus zu wohnen, dieses oder jenes Auto zu fahren oder endlich mit dem Rauchen aufgehört zu haben. Experimentieren Sie mit den Bildern und Texten auf dem Board und finden Sie schließlich die Dinge, die Ihnen wichtig sind – das sind die Fotos oder Begriffe, die Sie auf keinen Fall wieder entfernen wollen und die in Ihnen ein gutes Gefühl hervorrufen.

4. „Visualisieren" Sie unbedingt auch Gefühlszustände und sich selbst, wenn die Ziele erreicht wurden. Wie fühlen Sie sich nun, da Sie in endlich in Costa Rica angekommen sind? Wie fühlt sich das Motorrad an? Wie tief können Sie jetzt durchatmen, nachdem Sie endlich nicht mehr rauchen?

5. Statt mit einem „analogen" Board können Sie eine App verwenden. Es gibt einige recht interessante Programme, die Ihnen bei der Zielfindung in ganz ähnlicher Weise wie das Board behilflich sein können. Als Beispiele seien hier „NoteLedge" oder „ThinkBook" genannt. Es gibt aber darüber hinaus auch andere (zum Teil auch kostenlose) Programme, die Sie bei Ihrer Planung unterstützen können.

5.7.2 Zieldefinition 3

Es ist zielführend, zuerst kleine Schritte zu machen, um schnell Erfolge zu sehen. Das motiviert zusätzlich. Planen Sie diese Teilerfolge von Anfang an mit ein. Bevor Sie den Keller aufräumen, schaffen Sie erst einmal auf Ihrem Schreibtisch Ordnung. Bevor Sie den Marathon in Angriff nehmen, versuchen Sie sich erst einmal an 5 oder 10 Kilometern. Achten Sie auch darauf, nicht zu viele Ziele auf einmal anzugehen – auf jeden Fall immer nur ein „großes" Ziel. Setzen Sie Prioritäten und versuchen Sie, sich auch daran zu halten.

Kalkulieren Sie auch Rückschläge ein. Es wird nicht immer alles so laufen, wie es geplant war. Das ist nicht schlimm. Wichtig ist, sich nicht entmutigen zu lassen und nach Alternativen zu suchen. Einen Plan „B" zu haben, ist immer eine gute Idee (deshalb haben Schiffe Rettungsboote, Flugzeuge Fallschirme und Autos Airbags sowie Ersatzreifen an Bord).

Literatur

Comer RJ (2001) Klinische Psychologie, 2. Aufl. Spektrum – Akademischer Verlag, Heidelberg u. a

Fend H (2006) Neue Theorie der Schule. Einführung in das Verstehen von Bildungssystemen. VS, Wiesbaden

Wilken B (2013) Methoden der Kognitiven Umstrukturierung, 6. Aufl. Kohlhammer, Stuttgart u. a

Wunsch A (2013) Mit mehr Selbst zum stabilen ICH! Resilienz als Basis der Persönlichkeitsbildung. Springer Spektrum, Berlin/Heidelberg

Weiterführende Literatur

Einsle F, Hummel KV (2015) Kognitive Umstrukturierung, Techniken der Verhaltenstherapie, 1. Aufl. Beltz Verlagsgruppe, Weinheim

6

Ich sehe was, was du nicht siehst ...

6.1 Was Sie in diesem Kapitel erwartet

In diesem Kapitel werden die Gründe unseres Handelns und Nichthandelns genauer betrachtet. Es gibt immer einen Grund dafür, etwas zu tun oder zu unterlassen – ein Motiv, wie man es in der Rechtswissenschaft auch nennt. Das Motiv ist für unsere Motivation essenziell, und es gilt deshalb, neben dem eigentlichen Ziel, auch die Motivation für unsere Wünsche und Ziele zu erkennen und zu steigern. Es geht in diesem Zusammenhang auch darum, wie man mit Kritik und Kritikern umgehen sollte. Auch das kann man trainieren. Denken Sie nur einmal an Personen, die im öffentlichen Interesse stehen, wie beispielsweise der Bundestrainer oder diverse Spitzenpolitiker. Würden sich diese Personen jede Kritik an ihrem Handeln oder ihrer Person so zu Herzen nehmen, wie das die meisten von uns tun, kämen sie aus den Sitzungen mit Psychologen nicht mehr heraus. Sie lernen auch zu unterscheiden, was ein wirkliches Bedürfnis ist und was uns lediglich von außen eingetrichtert wird.

© Springer-Verlag Berlin Heidelberg 2016
P. Postinett et al., *Das Happy Life Construction Manual*,
DOI 10.1007/978-3-662-49436-3_6

6.2   Die „Warums"

Für alles, was wir getan haben, augenblicklich tun und jemals tun werden, gibt es einen Grund. Diese Gründe erfinden wir selbst und konstruieren dann unsere Version der Wirklichkeit auf Basis dieser Gründe. Es handelt sich dabei um Erklärungen, *warum* etwas so sein muss, wie es jetzt ist. Oder wir leben in den Tag hinein, ohne uns Gedanken zu machen, und begründen im Nachhinein unsere Entscheidungen.

Wir sind beispielsweise mit unserem Lebenspartner zusammen:

- „Weil wir damals heiraten mussten."
- „Wegen der Kinder."
- „Aus Bequemlichkeit."
- „Aus Liebe."
- „Weil gerade dieser Mensch meine fehlende Hälfte ist."
- „Weil eine Scheidung mein finanzieller Ruin wäre."
- „Weiß ich nicht!"
- „Weil ..."

Natürlich sind wir mit genau diesem Lebenspartner zusammen, weil wir es uns irgendwann einmal so ausgesucht haben. Es war damals unsere Entscheidung und es ist heute unsere Entscheidung. Uns hat ja keiner mit vorgehaltener Waffe gezwungen, diesen Partner zu wählen. Wir haben die vorhandenen Alternativen abgewägt und uns ganz bewusst entschieden, diesen Menschen zu unserem Lebenspartner zu machen. Falls wir denken, wir hätten uns damals anders entscheiden sollen, haben wir selbstverständlich heute die

Möglichkeit, diese Entscheidung zu korrigieren. Wenn wir dies nicht tun, entscheiden wir uns heute wieder *für* genau diesen Lebenspartner.

Info-Kasten: Zwei Arten der Motivation

In der Psychologie werden die intrinsische und die extrinsische Motivation unterschieden. Intrinsisch bedeutet, dass die Motivation in der Sache selbst liegt. Extrinsisch bedeutet, dass es um etwas anderes geht. Wenn Sie aus Liebe heiraten, dann geht es um die Beziehung selbst, die Sie mit der Ehe festigen oder feiern möchten. Heiraten Sie wegen der Steuervergünstigung, dann machen Sie das eine (Heiraten) wegen etwas anderem (Geld). Beim Arbeiten ist das auch klar: Lieben Sie ihren Job, d. h. was Sie dort tun (intrinsisch), oder mögen Sie die Arbeit nicht und gehen nur wegen des Geldes hin (extrinsisch)? Das ist eine einfache und wichtige Unterscheidung, um zu bewerten, warum wir etwas tun. Prüfen Sie, ob Sie etwas wegen der Sache selbst machen oder nur aus einem anderen Grund (meist eine Belohnung wie Geld, Ansehen, Vorteile etc.). Wenn Sie etwas wegen einer Belohnung tun, muss die Belohnung hoch genug sein, damit Sie das ohne Frust schaffen. Dinge, die Sie um ihrer selbst machen, motivieren Sie viel stärker – Sie brauchen dann keine Belohnung und sind ohne glücklich (Heckhausen und Heckhausen 2006).

Wollen Sie vielleicht mit dem Rauchen aufhören? Dann tun Sie es doch jetzt. Wenn Sie es nicht tun, entscheiden

Sie sich, weiter zu rauchen. Natürlich gibt es hierfür gute Gründe:

* „Eigentlich will ich gar nicht aufhören."
* „Ohne Hilfe kann ich nicht aufhören."
* „Das ist ein schlechter Zeitpunkt."
* „Nächstes Jahr höre ich bestimmt auf."
* „Ich habe alles unter Kontrolle und könnte jederzeit aufhören."
* „Ich rauche, weil es mir schmeckt."
* „Ich brauche diese Zigarette."
* „Ich rauche nur fünf Zigaretten am Tag."
* „Weil …"

Wir entscheiden. Wir erfinden auch die Gründe, die „Warums", für jede unserer Entscheidungen. Diese sind einmal mehr und einmal weniger stichhaltig, aber letztendlich überzeugen sie uns. Sonst könnten wir uns ja auch anders entscheiden. Wir konstruieren unsere Realität und begründen gleichzeitig jede Entscheidung, die wir treffen. Denken Sie an die kognitive Dissonanz – wir hatten das Beispiel schon: Rauchen Sie weiter, weil Sie nicht aufhören können, obwohl Sie wissen, dass es sehr ungesund ist? Das ist ein Konflikt (eine Dissonanz) zwischen „nicht rauchen sollen" und „nicht aufhören können". Einige der Aussagen oben sind ein Weg, um dieses Problem scheinbar zu lösen: „Ich rauche ja nicht viel", und schon ist es kein Problem mehr, oder? Täuschen Sie sich nicht selbst.

Leider machen wir uns also viel zu oft selbst etwas vor. Darin haben wir es zur Meisterschaft gebracht. Wir begründen (oft genug im Nachhinein) alles, was wir tun oder unterlassen. Ganz besonders trifft dies auf solche Entscheidungen zu, von denen wir in unserem Herzen wissen, dass sie falsch sind.

> **Wir sind Meister darin, unsere Entscheidungen vor uns selbst und anderen zu rechtfertigen.**

So ist beispielsweise die Entscheidung, einfach weiter zu rauchen im Prinzip keine Alternative, wenn ich weiß, dass ich daran sterben kann – es sei denn, ich bin lebensmüde. Wir machen es aber trotzdem und zwar nicht, weil wir lebensmüde sind, sondern weil wir ziemlich viele sonstige „Warums" haben, die dieses Verhalten rechtfertigen.

Diese „Warums" sind somit fast ausnahmslos erfunden. Es gibt mindestens genauso viele „Warums", um beispielsweise mit dem Rauchen aufzuhören:

* „Weil es besser für mich ist."
* „Weil ich durch den Zigarettenrauch sterben kann."
* „Weil das Rauchen mein Leben verkürzt."
* „Weil es schlecht riecht."
* „Weil es teuer ist."
* „Weil ich mit dem Rauch andere Menschen belästige."
* „Weil …"

Focused Thinking: Warum will ich etwas?

Es geht also darum, herauszufinden, was wir wirklich wollen, und wenn wir uns einigermaßen sicher sind, die

„Warums" dafür zu finden. Warum wir etwas tun oder nicht tun ist tatsächlich von großer Wichtigkeit. Unsere Motivation bestimmt essenziell das Tempo, mit dem wir unsere gesteckten Ziele erreichen können, oder ist sogar grundlegend, ob wir unsere Ziele überhaupt erreichen: Jedes „Warum" bringt uns unseren Zielen näher, weil es den Sinn unseres Handelns beschreibt.

Stellen Sie sich einmal vor, wie viel Macht diese „Warums" über unser Leben haben, wenn sie uns sogar überzeugen können, etwas zu tun, obwohl wir wissen, dass wir daran sterben können. Das gleiche Potenzial lässt sich natürlich auch dazu nutzen, unserem Leben die entscheidende positive Wendung zu geben. Es kommt darauf an, wie viele und wie starke „Warums" wir haben, in die eine oder die andere Richtung zu marschieren. Die Gründe sind immer individuell. Man kann keine guten Entscheidungen für jemand anderen treffen (davon ausgenommen sind natürlich Entscheidungen, die wir für Menschen treffen, die noch nicht dazu in der Lage sind, die Konsequenzen ihrer Entscheidungen zu bewerten – unsere Kinder beispielsweise. Diese würden sich wahrscheinlich für 12 Monate Sommerferien im Jahr entscheiden. Manchmal überlege ich allerdings, ob sie damit nicht ein Stück weit recht hätten …)

Bei allem Wohlwollen der anderen Person gegenüber, zieht man zur Entscheidungsfindung seine eigenen Maßstäbe heran und wählt seine individuellen „Warums" und selbstverständlich nicht die des Menschen, für den wir eine Entscheidung treffen.

Man kann aber sehr wohl gute Entscheidungen für sich selbst treffen, denn man kennt ja die eigenen „Warums", etwas zu tun oder zu lassen. Es ist also essenziell zu wissen, aus welchem tatsächlichen Grund man etwas unbedingt will (oder eben nicht will), und danach zu entscheiden.

Manchmal tut man auch etwas ohne augenscheinlichen Grund, ohne viel darüber nachgedacht zu haben. Das sind dann die „Bauchentscheidungen". Ich tue etwas, ohne mir im Augenblick der Entscheidung wirklich klar darüber zu sein, warum ich das tue. Aber auch hier gibt es diese „Warums". Diese sind nicht so offensichtlich, und vielleicht muss man auch etwas länger darüber nachdenken, wenn man danach gefragt wird. Dieses „Warum" ist unser Motor, ohne einen Sinn gibt es keine Motivation. Die Motivation kann nachvollziehbare, logische Gründe haben, aber auch aus einer intuitiven Eingebung heraus entstanden sein. Trotzdem ist es diese Motivation, die unser Handeln entscheidend beeinflusst. Durch die richtige individuelle Begründung (Sinnfrage) können wir uns optimal für eine bestimmte Handlung motivieren.

6.3   Die Kritiker

Der Mensch ist ein Herdentier. Man versucht, Zustimmung in der Gruppe zu finden, und nimmt sich Kritik an der eigenen Einstellung (und natürlich besonders an den gerade gesteckten Zielen) sehr zu Herzen. Da hat man sich wochenlang Gedanken gemacht, Bücher gelesen und das Wunschboard gefüllt und dann kommt auf einmal der „Herr Kritiseur", und unsere ganze mühsam aufgebaute Motivation verpufft in einer Stichflamme. Wir werden belächelt, unsere Ziele werden als unrealistisch abgetan, und man erklärt uns groß und breit, warum das so nicht geht.

Info-Kasten: Herdentier Mensch

Unsere Vorfahren, die Primaten, haben uns die älteren Teile unseres Gehirns vererbt. Die Evolution hat kein vollkommen neues Gehirn geschaffen, sondern das unserer Vorfahren erweitert – die alten Teile unseres Hirn arbeiten aber immer noch und liegen nicht brach. Das ist für uns von Bedeutung, da unsere Vorfahren schon in Gruppen gelebt haben. Neben den grundlegenden Bedürfnissen wie Nahrung, Schlaf oder Fortpflanzung war das Zusammenleben in der Gruppe sehr wichtig für jedes einzelne Tier. Solche sozial lebenden Tiere verwenden viel Aufwand, um das Zusammenleben zu regeln. Von unseren Vorfahren haben wir also eine starke Fokussierung auf das Zusammenleben und unsere Rolle in der Gruppe mittels unserer älteren Gehirnteile geerbt. Es ist uns wenig bewusst und ganz selbstverständlich, aber für den Menschen ist die soziale Umwelt die weitgehend einzige. Nahrungssuche und andere Bedürfnisse sind weitgehend eliminiert, sodass das meiste Denken und Verhalten auf uns und unsere Gruppe gerichtet ist (Voland 2013).

Damit wären wir wieder beim Thema: ein Rädchen (Sie) des Systems (Gruppe) verhält sich nicht systemkonform und muss deswegen wieder „auf Spur gebracht werden".

Oft geht es gar nicht darum, das Ziel an sich zu diskutieren, sondern es geht um die Verhaltensänderung. Auf einmal sind Sie kein gutes Herdentier mehr, und das irritiert die anderen. Man versucht Sie wieder „einzufangen". Albert Einstein hat einmal sinngemäß gesagt: „Um ein gutes Mitglied einer Schafherde sein zu können, muss man vor allen Dingen ein Schaf sein" (Einstein 1954).

Dazu kommt die Möglichkeit, dass Sie tatsächlich erfolgreich sein könnten. Dann würden alle anderen unzufrieden werden (auf einmal hat ja ein Mitglied der Gruppe mehr oder fühlt sich wesentlich besser als die anderen) und müssten ebenfalls ihre Komfortzone verlassen, um das Ungleichgewicht wieder auszugleichen.

Es geht also darum, konstruktive Kritik – die uns sehr wohl bei unserer Zieldefinition und Zielerreichung behilflich sein kann – von destruktiver Kritik (die vor allem durch unsere Nonkonformität mit anderen Standpunkten ausgelöst wird) zu unterscheiden. Aber wie geht das?

Dazu im Folgenden zwei Definitionen, die Ihnen bei einer Unterscheidung behilflich sein können:

1. **Konstruktive Kritik** zeigt uns Lücken oder Fehler in unserer Strategie auf. Konstruktive Kritik berührt uns, weil wir oft erkennen, dass diese einen gewissen Grad an Wahrheit enthält – auch wenn es uns in diesem Moment schwerfällt, dies zuzugeben. Diese Form der Kritik orientiert sich an Fakten und konkreten Sachverhalten, sie generalisiert nicht. Eventuell bietet der Kritiker sogar alternative Lösungen oder Kompromisse an, die Sie später ganz in Ruhe analysieren können. Sie zielt also darauf, uns weiterzubringen, und nicht darauf, uns aufzuhalten.

2. **Destruktive Kritik** hat vielmehr eine Demütigung oder ein Abwerten der Person als Ziel. Die meisten Menschen lassen deshalb destruktive Kritik an sich abprallen. Wir stellen die Ohren auf Durchzug und hören dem Kritiker nicht mehr zu. Eventuell regen wir uns über den Ton oder die Wortwahl auf, aber kaum über den Inhalt. Generalisierungen („Du kannst das sowieso nicht") sind immer destruktiv.

Kritik ist allerdings grundsätzlich ein heikles Thema. Kritisiert zu werden ist niemals angenehm. Kritisiert zu werden bedeutet, beurteilt zu werden, und wer lässt sich von anderen Menschen schon gerne beurteilen? Kritische Rückmeldungen sind aber nicht nur hilfreich, sie sind notwendig. Sie helfen uns, Fehler zu vermeiden, und können dabei unterstützen, unsere Zielerreichungsstrategie zu verbessern.

Wir sollten auch bedenken, dass wir in der Regel nicht von Kommunikationsexperten oder Psychologen kritisiert werden. Kaum jemand wird den Sachverhalt aus der gleichen Perspektive wie Sie selbst beurteilen (Abb. 6.1). Man wählt subjektiv wichtige Punkte aus und konstruiert sich eine stimmige Meinung, natürlich basierend auf dieser ganz persönlichen Sicht der Dinge. Selbstverständlich entspricht dies in den seltensten Fällen ihrem Standpunkt. Beide Versionen stellen jeweils nur eine mögliche Version der Faktenlage dar. Wenn dann noch eine nicht ganz glückliche Wortwahl hinzukommt, kann auch eine gut gemeinte Kritik schnell zu einem Streit führen.

Seien Sie deshalb nicht so schnell beleidigt, wenn die vorgetragene Kritik aus Ihrer Sicht nicht vollständig nachvollziehbar ist. Versuchen Sie mit den (konstruktiven) Kritikern

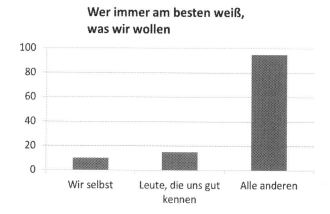

Abb. 6.1   Wer immer am besten weiß, was wir wollen

in einen Dialog zu kommen. Fragen Sie nach, wo genau man ein Problem sieht. Achtung: Es ist *kein* Merkmal konstruktiver Kritik, auch gleich einen umsetzbaren Lösungsvorschlag zu liefern.

> **Das Problem besteht unabhängig von einer möglichen Lösung.**

Eine Kritik kann also auch dann sehr konstruktiv sein, wenn lediglich das Problem benannt wird. Viel wichtiger ist festzustellen, ob das genannte Problem auch aus unserer Sicht und bei genügender Abwägung wirklich ein Problem ist. Danach erst wenden wir uns möglichen Lösungsoptionen zu. Wenn es kein Problem gibt, brauchen wir uns keine Kopfschmerzen über konstruktive Lösungsvorschläge zu machen. Wenn ein Problem existiert, existiert es unabhängig von eventuell vorhandenen konstruktiven (oder sonstigen) Lösungsoptionen. Konstruktive Kritik ist erwünscht, kann Lösungsvorschläge enthalten, muss dies aber nicht. Konstruktive Kritik zielt aber in Inhalt *und* Form auf eine Verbesserung der Sachlage. Sie ist niemals bewusst darauf ausgerichtet, Dinge oder Personen schlecht zu machen.

6.4   Spieglein, Spieglein an der Wand

Manchmal haben wir endlich unsere Ziele definiert, uns einen Plan zurechtgelegt, wie wir diese Ziele in die Tat umsetzen, und alle möglichen und unmöglichen „Warums" gefunden, um uns von der Richtigkeit unserer Marschrichtung zu überzeugen. Wir starten also mit Euphorie und Motivation in unseren neuen Lebensabschnitt, aber nach kurzer Zeit stellen sich auf einmal Zweifel ein. Wir sehen in den Spiegel und fragen uns:

* „Kann ich das wirklich umsetzen?"
* „Fehlt mir dazu nicht dieses oder jenes Wissen?"
* „Müsste ich nicht erst diese oder jene Summe auf dem Konto haben?"
* „Sind andere, die besser qualifiziert waren, nicht auch schon an diesem Ziel gescheitert?"
* „Bin ich zu alt?"
* „Bin ich zu jung?"
* „Habe ich die richtigen Partner gewählt?"
* „ . . . "

Die Zweifel hemmen nach und nach unsere Entschlossenheit, die Aktion wird vorerst ausgesetzt (natürlich nur vorübergehend, wie wir uns selbst versichern), und unsere Vision hat sich wieder zu einem Tagtraum zurückentwickelt. Wir starren auf unsere Bilder am Visionboard und sind auf einmal wieder davon überzeugt, dass dies alles unerreichbar für uns ist. Die Folge ist, wir bremsen unseren neu gewonnen Schwung auf null ab und fügen uns in eine Wirklichkeit, die wir eigentlich ändern wollten. Die verdorrte Wiese hat uns wieder, und unser kurzer Ausflug an den Strand hinterlässt eine leise Sehnsucht und die Frage, was möglich wäre, wenn doch nur die Startposition eine andere sein könnte. Wir malen uns aus, was alles passieren könnte, und verlieren den Mut. Diese Zweifel kommen wiederum aus unserer Erziehung und Sozialisation. Wir leben in einer kritischen und skeptischen Welt, die zudem auf Sicherheit bedacht ist. Mit dieser Einstellung finden sich immer schnell mögliche Gefahren und Probleme. Wichtig ist es, diese zu analysieren.

Focused Thinking: Es gibt keine absolute Sicherheit

Es wäre wichtig, diese Selbstzweifel hinter uns zu lassen und mit aller zur Verfügung stehenden Kraft zu versuchen, unsere Wünsche wahr werden zu lassen. Es geht nicht darum, bewusst in den Untergang zu fahren, sondern das „Restrisiko" abzuwägen und gegebenenfalls in Kauf zu nehmen.

Es gibt keine absolute Sicherheit in unserer Gesellschaft. Es gibt lediglich die Illusion einer Sicherheit,

und wir fallen mit großer Regelmäßigkeit immer wieder darauf herein. Wir opfern gute Optionen auf dem Altar dieser vermeintlichen Sicherheit.

Es gibt leider tausende von Beispielen von Arbeitnehmern, die nach 15, 20 oder mehr Jahren plötzlich entlassen wurden. Vielleicht hat sich die Firmenstrategie geändert, das Unternehmen wurde übernommen oder ist gar Pleite gegangen. Letztendlich ist das für die Betroffenen natürlich zweitrangig. Sie stehen vor dem Scherbenhaufen ihres Lebens und wundern sich, wie es so weit kommen konnte, dass die Firma, in der vielleicht schon die Eltern gearbeitet haben, sie auf einmal nicht mehr braucht. Der Job war doch so sicher …

Gerade in den letzten Jahren war es immer wieder in den Nachrichten: Viele Menschen haben ihr Erspartes der ein oder anderen Bank anvertraut, und dann ist diese Bank pleitegegangen. Vor allem in Südeuropa haben Menschen so ihre kompletten Ersparnisse verloren. Dabei hatte die Bank doch von einem sicheren Geschäft gesprochen.

Es gibt auch niemals eine Garantie, dass Sie Ihre Ziele erreichen werden. Alles, was Sie in diesem Buch lesen, alles, was Sie in anderen Büchern über Erfolg, Visualisieren, positives Denken, Bestellungen beim Universum und sonstige Techniken gelesen haben, kann Ihnen dabei helfen, Ihre Ziele in die Realität umzusetzen, es gibt Ihnen aber niemand eine Garantie. Sollten Sie jemanden finden, der dies tut, so ist diese Garantie schlichtweg unseriös.

> **Es gibt niemals eine Garantie, die gesteckten Ziele auch zu erreichen. Das Risiko eines Scheiterns ist immer vorhanden. Alles andere ist eine Lüge.**

Dieser Umstand sollte uns aber nicht daran hindern, es zu versuchen. Denn, wer kein Los kauft, gewinnt ganz sicher nicht. Wer ein Los kauft, hat zumindest eine Chance – auch wenn regelmäßig die rechnerische Möglichkeit des Scheiterns höher ist als die Wahrscheinlichkeit, erfolgreich zu sein. Grundlegend, um überhaupt Erfolg haben zu können, ist, die Zweifel zu überwinden und das Los zu kaufen. Die Chance auf einen Gewinn mag klein sein – ja, ich weiß –, aber wenn man kein Los kauft, ist die Chance exakt null. Das Risiko besteht einerseits im Verlust des Lospreises und andererseits in unserer Enttäuschung, wieder einmal nicht gewonnen zu haben. Mit diesen Risiken muss man leben können. Sie treten sehr viel wahrscheinlicher ein als ein Gewinn. Aus diesem Grund ist es wichtig, nicht das große Ziel zu verwerfen, nur weil ein Versuch nicht funktioniert hat. Aus dem Scheitern gewinnt man Hinweise, was nicht klappt, und man weiß mehr, worauf es ankommt. Finden Sie eine neue Lösung bzw. einen neuen Weg, wenn Sie sich Ihres Zieles gewiss sind.

6.5   Sunk Costs

Wir müssen wieder lernen, uns selbst zu vertrauen und auch einmal ein Wagnis einzugehen. Ich meine damit nicht, auf Teufel komm raus das Risiko zu suchen. Leider sind wir

Menschen weniger bereit eine, auf den ersten Blick bequeme Lebenssituation aufzugeben, je mehr wir investiert haben, um genau diese Situation zu erreichen. Es ist dabei kurioserweise vollkommen unerheblich, ob wir jetzt glücklich sind oder eben nicht. Dieses Problem kennt man vor allem aus der Wirtschaft: Anstatt beispielsweise die überschuldete Firma endlich dichtzumachen oder wertlose Aktienpakete zu veräußern, halten viele Menschen daran fest. Diese sogenannten Sunk Costs können zwar nicht mehr rückgängig gemacht werden, sie beeinflussen aber weiterhin unsere Entscheidungen („Jetzt habe ich schon so viel in diese Beziehung investiert, da will ich nicht einfach aufgeben." – Warum? Es ist sinnlos, weitere Anstrengungen zu investieren …). Diese Problematik wird mit den Jahren immer dominanter. Mit 20 hat man noch relativ wenig zu verlieren, aber mit 40 sind da vielleicht Kinder, der Ehepartner, Haus, Hund, Katz und Maus. Das alles für einen „Traum" aufs Spiel setzen? Die sichere Routine gegen einen ungewissen Ausgang tauschen? Ich sage: „Ja – trauen Sie sich, Ihr Leben selbst in die Hand zu nehmen. Leben Sie ihren Traum!"

Es geht ja auch nicht darum, sein Leben aus einer Laune heraus quasi aus dem Fenster zu werfen. Es geht darum, ein gut definiertes und wohlüberlegtes Ziel mit einem Plan zu verfolgen und in dieses Ziel unsere ganze Anstrengung, Kreativität und Zeit zu investieren. Wir brauchen niemand anderen und auch keinen magischen Spiegel, der uns sagt, wie schön wir sind oder wer noch schöner ist als wir selbst.

> **Wir brauchen wieder mehr Vertrauen in uns selbst und in unsere Fähigkeiten.**

Wir selbst wissen am besten, was wir wollen und was wir können. Wenn wir nicht fähig sind, in uns selbst zu vertrauen, wer ist es dann? Wir müssen den Versuch wagen und dabei vor allem an uns und unsere Fähigkeiten glauben. Ich denke nicht, dass es schon einmal einen Goldmedaillengewinner gegeben hat, der vom Start weg an sich gezweifelt hat. Jeder Gewinner hat von Anfang an sein Bestes gegeben und an sich und den möglichen Sieg geglaubt. Er hat sich vor langer Zeit ein Ziel gesetzt, dafür hart gearbeitet und auf vieles verzichtet. Wenn die Kumpels Abends in die Kneipe gefahren sind, die Freundinnen sich am Strand in die Sonne gelegt haben, hat der spätere Medaillengewinner trainiert und geackert, bis sich diese Investition schließlich eines Tages auszahlt und er auf dem Treppchen steht. Bei allem Erfolg: Viele seiner Kollegen haben genauso hart gearbeitet und es nicht auf das Siegerpodest geschafft. Das ist das Risiko – denn wie gesagt: Sicher ist gar nichts. Auf dem Treppchen stehen nur drei Athleten, drei von tausenden, die es ebenfalls versucht haben. Gelohnt hat sich der Versuch trotzdem. Wichtig ist in einer solchen Situation, dass man nicht das Handtuch wirft und in eine Depression verfällt. Dazu gibt es keinen Grund. Man wusste ja vorher, dass zwischen der Goldmedaille und dem letzten Platz im Prinzip alles möglich ist. Es hat trotzdem Spaß gemacht, es wenigstens versucht zu haben. In vielen Fällen ist das Gefühl, alles gegeben zu haben, dabei gewesen zu sein und es gut gemacht zu haben, schon enorm befriedigend. Natürlich ist gewinnen schöner, aber es geht auch anders.

Die meisten Menschen kommen ja noch nicht einmal so weit, denn sie gehen lieber in die Bar oder legen sich an den Baggersee oder aufs Sofa. Ich rege mich regelmäßig über Menschen auf, die sich halb totlachen, wenn sie korpulente Jogger oder Radfahrer sehen. Mag ja sein, dass die Leistung in diesem Moment noch nicht so top ist, aber meinen Respekt haben sie sich allemal verdient. Statt nämlich einfach auf dem Sofa zu liegen und über ihre Körperfülle zu lamentieren, haben sie sich aufgerafft und arbeiten aktiv an ihrem Wunsch, schlanker zu sein. Das ist doch toll. So etwas verdient Respekt und kein Gelächter. Hier kommt wieder eine negative Denkweise unserer Gesellschaft zum Tragen: Man gilt als Gewinner, wenn man eine hervorragende Leistung erbringt. Bis es soweit ist und der Erfolg nicht bewiesen ist, wird man belächelt. Denken Sie daran, dass das vor allem der Selbsterhöhung des Lachenden dient: Er bemüht sich nicht und muss Ihre Leistung schmälern – um eben nicht schlechter als Sie zu sein.

Der Versuch allein macht also schon den Unterschied. Man kann so gesehen gar nicht verlieren, aber man kann sehr viel gewinnen. Meiner Erfahrung nach ist es ein fast genauso gutes Gefühl zu wissen, dass man sein Bestes gegeben und es versucht hat wie tatsächlich Erster, Zweiter oder Dritter zu werden. Versuchen Sie es also und vor allen Dingen: Geben Sie dabei Ihr Bestes!

6.6   Die Bedürfnisfalle

Warum wollen wir eigentlich, was wir wollen? Handelt es sich bei unseren Wünschen wirklich immer um „Herzensangelegenheiten"? Ich meine mit Herzensangelegenheiten Dinge oder Zustände, die wirklich wichtig für uns sind, die uns unseren Zielen näherbringen oder die vielleicht sogar selbst Teil dieser persönlichen Ziele sind. Ziele, die aus unseren Wünschen und Sehnsüchten geboren sind und deren Erreichen uns glücklicher und zufriedener macht. Oft genug ist es leider eher so, dass wir etwas im Schaufenster oder bei einem Freund oder Nachbarn sehen und dieses „Etwas" dann ganz plötzlich auch „brauchen". Gestern wussten wir noch nicht einmal um die Existenz dieses „Dinges" und heute können wir ohne es nicht mehr ruhig schlafen. Was ist passiert?

Einer der Grundpfeiler unseres Wirtschaftssystems ist diese „Bedürfnisfalle". Falle deshalb, weil es sich hier in der Regel nicht um ein wirkliches Bedürfnis handelt, welches uns unseren eigentlichen Zielen näherbringt. Es geht hierbei vielmehr um Konsum oder gar um Neid. Bewusst oder unbewusst: Es kann selbstverständlich nicht sein, dass der Nachbar etwas hat, was ich nicht habe. Solange der Nachbar einen Golf fährt, reicht mir ebenfalls der Golf, sobald sich der Nachbar ein größeres Auto kauft, wird uns unser – bisher völlig ausreichendes – Auto auf einmal zu klein oder zu alt. Unsere Orientierung ist nicht an unseren tatsächlichen Bedürfnissen ausgerichtet, sondern an äußeren Einflussfaktoren wie dem Besitz anderer Leute oder der Werbung. Der dann folgende Konsum basiert somit nicht auf echter Bedürfnisbefriedigung. Wir sind *nicht* nachhaltig glücklicher, wenn wir endlich das neue Auto besitzen.

Ein Freund hat das neueste Smartphone? Muss ich auch haben (wenn möglich ein besseres Modell). Den Wind im Haar spüren? Klar, aber standesgemäß im Cabrio oder auf der Harley. Kleidung ohne Markennamen? Geht gar nicht. Das fängt schon im Kindesalter an. Oft genug kommen unsere Kinder nach Hause und wünschen sich die neuesten Sportschuhe des einen oder anderen Herstellers, die neuesten Marken- oder Trendklamotten. Die „anderen" haben das auch, und jetzt muss man mitziehen, um akzeptiert zu bleiben. Auf die Bedürfnisse, auf die wir nicht selbst kommen, macht uns dann die Werbung aufmerksam. Fast jeder neue Trend ist unverzichtbar, das neue Produkt noch etwas besser als der Vorgänger und selbstverständlich lohnt sich ein Update fast immer. Ich habe die Version 5.1.3? Seit heute gibt es aber 5.1.4 mit zahlreichen Neuerungen und Verbesserungen – muss ich haben.

Wenn wir allerdings einmal einen Moment innehalten und uns fragen, was von alledem wir wirklich benötigen, um unsere persönlichen Ziele zu erreichen, dann bleibt nicht mehr so viel übrig. Wie mit vielen anderen Verhaltensmustern auch suggeriert uns unsere Konditionierung Sachverhalte, die es eigentlich so nicht gibt. Wir nehmen dies zum größten Teil einfach zur Kenntnis und richten unser Denken und Handeln danach aus. Wenn es im Bereich des Machbaren liegt, überlegen wir nicht lange und befriedigen unsere Konsumbedürfnisse – sprich: Wir kaufen ein. Die Freude über den Neuerwerb ist meistens von kurzer Dauer, denn den eigentlichen Antrieb (Neid, Gier, Frust) haben wir zwar befriedigt, jetzt melden sich aber die immer noch unbefriedigten Bedürfnisse, und wir befinden uns sehr schnell wieder in der gleichen Stimmung wie vor dem Kauf. Darüber hinaus erreichen wir in der Regel keines unserer Ziele. Wir befriedigen also gar keines unserer wirklichen Bedürfnisse. Wir überdecken unsere anhaltende Unzufriedenheit nur einen Moment.

Unsere Gesellschaft befindet sich mittlerweile in einer Art Rauschzustand. Es muss immer mehr sein. Wachstum ist zur Pflicht geworden, nicht mehr „nur" die Kür. Das Wertvollste einer Firma ist die Marke. Das ist, was Verbraucher – also wir alle – unbedingt haben wollen (angeblich). Diese Strategie treibt mitunter seltsame Blüten. So wird das Angebot eines Produktes auch hin und wieder künstlich knapp gehalten. Manche Firmen produzieren ganz bewusst nicht die vorhersehbare Absatzmenge, um ihren Produkten durch die künstliche Verknappung mehr Wertanmutung zu verleihen. Knappe Ressourcen sind teurer, und wer darüber verfügt, hat (und ist) etwas Besonderes. Aber: Brauchen wir das? Entspricht ein solches Verhalten wirklich dem, wonach wir uns sehnen? Und was hat das mit uns und unseren persönlichen Zielen zu tun? Wir benötigen immer mehr, weil kaum etwas von dem, was wir haben oder uns kaufen, unsere ureigenen Sehnsüchte wirklich befriedigt. Wir leben in einer Wegwerfgesellschaft, deren Wohlstand sich auf Konsum und stetigem Wachstum begründet. Es geht dabei kaum noch um menschliche Werte wie Ethik oder Freiheit. Individualismus passt überhaupt nicht ins System. Ziel von Marketing ist es, nur das Gefühl zu erzeugen, dass Sie das Produkt brauchen. Hierfür werden viele gesellschaftliche Werte benutzt: Ansehen, Gesundheit, Status. Werbung ist aber nur gut darin, den Eindruck zu erwecken, meist hält das Produkt nicht die Versprechen. Ein Besen hält das Versprechen zu kehren, aber ein „Hightech"-Besen hält nicht das Versprechen, dass Kehren damit viel leichter ist – Kehren ist einfach eine körperliche Anstrengung.

Ich streite nicht ab, dass es erfüllend sein kann, etwas zu besitzen. Wer davon träumt, ein tolles Auto, ein schönes Haus oder eine teure Uhr zu haben, der erfüllt sich mit dem Kauf tatsächlich eines seiner wahren Ziele. Die Freude darüber ist dann groß und auch nachhaltig. Wer allerdings gar nicht weiß, was seine persönlichen Ziele sind, wird sehr wahrscheinlich auch nicht erfolgreich sein.

> **Der Vergleich mit anderen prägt unser Verlangen. Das, was wir besitzen, ist vor allen Dingen dann gut, wenn es besser ist als das, was unser Nachbar besitzt.**

Wir messen uns zu sehr an anderen und zu wenig an unseren eigenen Ansprüchen. Der Vergleich mit anderen prägt unser Verlangen. Es ist den Versuch wert, das Neidgefühl einmal außen vor zu lassen und sich die wirklichen persönlichen Ziele in Erinnerung zu rufen. Vor diesem Hintergrund können wir uns dann ganz ehrlich fragen, ob wir das nagelneue Smartphone, die hippen Klamotten, das neue Auto oder die Luxusreise wirklich benötigen. Wir können uns vor Entscheidungen immer fragen, welche der zur Wahl stehenden Alternativen uns unserem Ziel näherbringt. Es ist wichtig, äußere Motivation durch innere Motivation zu ersetzen. Nur die Erfüllung wirklich eigener Ziele führt zu nachhaltiger Zufriedenheit.

Info-Kasten: Status

Warum ist uns ein hoher Status so wichtig? Status bedeutet, welchen Platz wir in der Gruppe haben. Wir streben nach einem bestmöglichen Platz. Der Grund ist, dass bei unseren Vorfahren ein ranghöheres Tier höhere Privilegien hatte, z. B. zuerst fressen durfte, und damit einen klaren Vorteil hatte. Auch in menschlichen Gruppen haben „ranghöhere" mehr Privilegien und können sich in vielen Dingen durchsetzen. Dieses Streben ist also einerseits ein Erbe unserer Vorfahren, andererseits funktioniert die menschliche Welt immer noch so. Wie bei unseren Vorfahren muss man aber auch heute um den Status kämpfen. Es ist ein Wettbewerb um die höhere Position. Fragen Sie sich, ob Sie eine höhere Position wirklich brauchen oder ob Sie nur einfach „mitkämpfen", weil das die anderen auch tun. Wir orientieren unser Verhalten immer an dem, was die anderen tun, aber nur aus der Vermutung, dass die anderen das Richtige tun. Wichtig: Sie werden das Gefühl verspüren, einen höheren Status zu wollen. Das ist aber nur ein vererbtes Bedürfnis, das man bei klarem Verstand hinterfragen muss (Voland 2013).

Im Prinzip ist es so: Wenn wir es selbst nicht wollen, ist es aufwendig, eine Motivation für die Zielerreichung künstlich zu erzeugen (das ist letztendlich immer eine Frage des Preises und der Nachhaltigkeit). Eine Zielerreichung von vorgegebenen Zielen hat außerdem nicht denselben Effekt wie eine Zielerreichung von selbst gesteckten und persönlichen Zielen. Man freut sich zwar, wenn man die Vorgaben erfüllen konnte, eine andauernde Zufriedenheit stellt sich jedoch nicht ein. Stattdessen werden neue Zielvorgaben gesucht und das Rennen beginnt von vorne. Nach einiger Zeit stellt sich dann ein Effekt ein, den man oft mit „Hamsterrad" treffend beschreibt. Es geht zwar immer weiter, aber eigentlich gibt es kein wirkliches Ziel, man kann niemals irgendwo endgültig ankommen. Man überlebt dann mehr, als wirklich sein Leben zu leben.

6.7   Zusammenfassung des Kapitels

Was sind unsere Wünsche und Sehnsüchte? Was motiviert uns, etwas zu tun oder etwas anderes nicht zu tun? Die Gründe, Sinn und Zweck, sind der Motor unseres Handelns und Unterlassens. Wenn wir uns überlegen, welche Ziele wir haben, müssen wir uns auch überlegen, *warum* gerade dies unsere Ziele sind. Wenn wir sagen, wir wollen reich sein, kann das verschiedene Motivationen haben: Möglicherweise sind wir auf der Suche nach Unabhängigkeit, nach einer gewissen Freiheit in unseren Entscheidungen, oder wir wollen vorhandene Sachzwänge beseitigen, Macht besitzen und Entscheidungen treffen. Die Gründe (die „Warums") bestimmen auch, welche Alternativen es gibt. Wenn ich beispielsweise auf der Suche nach Freiheit bin, kann ich dieses Ziel wahrscheinlich auch auf eine andere Art und Weise erreichen als durch Anhäufung von Reichtum (z. B. durch das Gegenteil – bewussten Verzicht). Es gibt immer mehrere Wege, aber um wählen zu können, müssen wir auch unsere grundlegende Motivation kennen. Diese Motivation kommt immer von innen.

Lassen Sie sich deshalb bei der Auswahl Ihrer Ziele nicht von Neid leiten. Es ist *nicht* erstrebenswert, das zu haben, was andere Menschen haben. Es ist erstrebenswert, unsere *eigenen* Ziele zu kennen und an deren Verwirklichung zu arbeiten. Dabei geht es selbstverständlich nicht darum, einfach mehr als unser Nachbar zu haben. Es lohnt sich durchaus, dieses allzu menschliche Neidgefühl einmal auszublenden. Ohne sonst irgendetwas anderes zu tun, werden Sie feststellen, dass Sie sich bereits besser fühlen. Ein wenig von dem Druck, der tagtäglich auf Ihnen lastet, wird dadurch von Ihren Schultern genommen und Sie fühlen sich ein wenig befreiter.

Eine Reflexion unserer Ziele und unserer Zielerreichungsstrategie kann uns dabei helfen, unsere Motivation und unsere Strategie kritisch zu hinterfragen. Vor allem konstruktive Kritik von Menschen, die es gut mit uns meinen (Familie, Freunde, Coach, Mentor etc.), kann uns bei unseren Überlegungen sehr nützlich sein. Je mehr verschiedene Standpunkte wir abwägen können (ohne dabei unsere eigene Motivation, ein bestimmtes Ziel zu erreichen, aus den Augen zu verlieren), desto besser können wir unsere Zielerreichungsstrategie anpassen und auf Erfolg trimmen. Erfahrungen, die andere Menschen bereits gemacht haben, sind auch für uns wertvoll.

Wichtig bei aller (konstruktiven) Kritik durch uns selbst und durch andere Menschen ist jedoch, nicht unsere grundlegende Motivation zu verlieren. Konstruktive Kritik ist nicht dazu gedacht, Selbstzweifel zu erzeugen, damit wir uns am Ende von unseren Projekten abwenden. Diese Kritik dient vielmehr der Optimierung unserer Pläne, *wie* wir unsere Ziele erreichen wollen. Es ist wichtig, die Selbstzweifel hinter sich zu lassen und ganz bewusst das Risiko eines Scheiterns in Kauf zu nehmen. Sie sind nicht weniger wert, wenn Sie etwas ausprobieren und es nicht funktioniert. Ganz im Gegenteil: Zu leben heißt, Fehler zu machen. Nur wenn wir etwas wagen, haben wir die Aussicht auf Erfolg. Wenn Sie von Anfang an kein Los kaufen, weil die Chancen auf den Hauptgewinn sehr klein sind, vermindern Sie selbst diese Chancen auf null. Es gibt keine Sicherheiten, und es gibt keine Garantien, es gibt lediglich das große Bedauern am Ende des Lebens, wenn Sie es nicht wenigstens versucht haben. Dieser bloße Versuch macht uns schon zu Gewinnern.

6.8   Übungen zur Zielerreichung

6.8.1   Wünsche analysieren

Stellen Sie Ihre Wünsche auf den Prüfstand. Es kann sehr hilfreich sein, auf einem Blatt unseren Wunsch oder unser Ziel zu notieren und darunter alle Gründe, warum wir unbedingt dieses Ziel erreichen wollen. Seien Sie hier sehr ehrlich zu sich selbst:

* Wollen wir dieses Ziel erreichen, weil wir durch Werbung, äußere Bedürfniserreger (Nachbarn, Kollegen, Freunde etc.) oder ähnliche Gründe dazu animiert wurden?

* Hat beispielsweise der Nachbar ein größeres Auto gekauft und wollen wir nicht zurückstehen?
* Ist das vermeintliche Bedürfnis bei näherer und ehrlicher Betrachtung eventuell nur Neid?
* Handelt es sich um eine tatsächliche und individuelle „Herzensangelegenheit"?

6.8.2   Kritik verstehen

Unterteilen Sie Kritiken in konstruktive und destruktive Kritik. Nehmen Sie dazu die Einteilungen aus Abschn. 6.3 zur Hilfe (1. konstruktive Kritik, 2. destruktive Kritik). Notieren Sie die konstruktive und negative Kritik auf jeweils separaten Blättern. Sobald Sie die Liste vollständig haben, nehmen Sie die Liste mit destruktiver Kritik und zerreißen Sie diese Liste in so viele Teile wie möglich. Stellen Sie sich dabei vor, wie diese destruktive Kritik verschwindet und Sie nicht mehr erreichen kann. Sie fühlen sich befreit, weiter Ihrem Ziel zu folgen. Die destruktive Kritik kann Ihnen nichts mehr anhaben.

Analysieren Sie die konstruktiven Kritiken und überlegen Sie mithilfe eines Maßnahmenplanes, wie man diese Kritikpunkte ausräumen könnte.

Literatur

Einstein A (1954) Essays Presented to Leo Baeck on the Occasion of his Eightieth Birthday. East And West Library, London, S 26

Heckhausen H, Heckhausen J (2006) Motivation und Handeln. Springer, Berlin

Voland E (2013) Soziobiologie. Die Evolution von Kooperation und Konkurrenz. Springer Spektrum, Berlin/Heidelberg

Weiterführende Literatur

Röttgers K (1975) Kritik und Praxis. Zur Geschichte des Kritik-begriffs von Kant bis Marx. de Gruyter, Berlin

Schaub H (1997) Sunk Costs, Rationalität und ökonomische Theorie. Schäffer Poeschel, Stuttgart

7

Vergangenheit, Gegenwart und Zukunft

7.1 Was Sie in diesem Kapitel erwartet

Sie erfahren, dass unser Gehirn die Vergangenheit verfälscht und eine Zukunft aus Ängsten und Hoffnungen konstruiert. Weder Vergangenheit noch Zukunft helfen uns bei unserer Zielerreichung. Nur in der Gegenwart lassen sich Projekte angehen und schließlich verwirklichen. Nur, was wir in der Gegenwart tun, hat eine Auswirkung. Die richtige Handlungsweise und Interpretation von Wahrnehmung im Jetzt ist daher grundlegend für die Erfüllung unserer Wünsche.

7.2 Es gibt kein Gestern und kein Morgen

Im Abschnitt „Sorgen und Ängste" habe ich erwähnt, dass die allermeisten Sorgen, die ich mir jemals gemacht habe, vollkommen umsonst waren, weil der befürchtete Sachverhalt niemals eingetreten ist. Ich habe so eine Menge Energie und Lebensfreude einer Fiktion geopfert und mich außerdem noch mies gefühlt. Genauso verhält es sich auch mit

© Springer-Verlag Berlin Heidelberg 2016
P. Postinett et al., *Das Happy Life Construction Manual*,
DOI 10.1007/978-3-662-49436-3_7

unserer Beachtung des Hier und Jetzt. Wir leben vor allem in der Vergangenheit und in der Zukunft.

> **Wir leben vor allem in der Vergangenheit und in der Zukunft, aber leider nicht *jetzt*.**

Wir trauern verpassten Gelegenheiten hinterher oder malen uns aus, was wäre, wenn dieses oder jenes Ereignis eintreten würde. In der einzigen Zeitspanne, in der wir tatsächlich etwas bewegen können – nämlich im Jetzt – befinden wir uns gedanklich äußert selten. So sind die meisten unserer Erlebnisse schon wieder Vergangenheit, bevor wir richtig mitbekommen haben, was genau passiert ist, oder wir warten endlose Zeitspannen auf das Eintreten des so sehnlich herbeigewünschten Ereignisses. Wir befragen Wahrsager und Orakel, was morgen geschehen wird, und kümmern uns kaum um das Heute.

Die Gegenwart hat zwischen Vergangenheit und Zukunft oft nur einen untergeordneten Platz. Dabei ist genau diese Gegenwart die einzige Zeit, in der wir überhaupt handeln können. Genau genommen gibt es weder die Vergangenheit noch die Zukunft. Die Zukunft ist noch nicht eingetreten und somit niemals mehr, als eine Wahrscheinlichkeit unter vielen. Dabei kommt es oft „erstens anders, zweitens als man denkt". Die Vergangenheit wiederum ist abgeschlossen und existiert lediglich als Echo in unseren Gedanken. Je länger diese Vergangenheit zurückliegt, desto mehr verändert sie sich. Wir vergessen Details, füllen Lücken mit Annahmen und falschen Erinnerungen, überzeugen uns selbst von der einen oder anderen Variante, was damals „wirklich" passiert ist, und idealisieren zuweilen auch die angeblich „gute alte Zeit".

Das Denken in unserer Gesellschaft ist sehr stark auf die Zukunft ausgerichtet – genauer auf die Entwicklung unseres Lebens. Schon unsere Eltern achten stark auf eine möglichst gute Entwicklung, eine gute Schulbildung und eine gute Berufswahl. Doch was bedeutet hier „gut"? „Gut" ist auf den Aufbau eines möglichst großen Wohlstandes und Besitzes ausgerichtet. Wir lernen also von Kindesbeinen an, uns um Dinge zu kümmern, die uns möglichst weit voranbringen sollen. Dabei zählt aber nicht der Moment oder ein momentaner Erfolg, jeder Erfolg ist nur ein kleiner Schritt auf einem langen Weg. Wir werden also früh zum Zukunftsdenken erzogen. Wir verpassen Genuss, weil er uns nicht weiterbringt, wir verpassen Erfolge, weil sie selbstverständlich und zu gering sind. Zudem ist das „große Ziel" nach oben offen definiert und somit nie erreichbar – es wird immer etwas geben, was man noch erreichen kann. Der Blick in die Vergangenheit dürfte einer Wehmut in der Gegenwart und einer Überforderung in Gedanken an die Zukunft entspringen. Die verklärte Vergangenheit – reduziert auf die positiven Aspekte – ist unser vergangenes Heil. Aber war nicht jede Phase einmal gut und einmal schlecht, wenn man sich kritisch erinnert? Verpassen Sie gerade die guten Aspekte, an die Sie sich später sehnsüchtig erinnern werden?

Es gibt aber auch noch einen anderen sehr wichtigen Aspekt: Wir neigen dazu, unangenehme Aufgaben in die Zukunft zu verschieben. Das führt natürlich dazu, dass diese Aufgaben nicht erledigt werden. Darüber hinaus hat diese Angewohnheit noch einen weiteren negativen Effekt: Wir fühlen uns schlecht, solange die Aufgabe nicht erle-

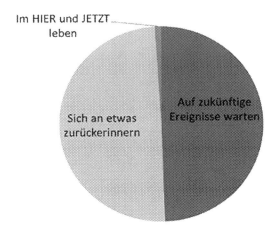

Abb. 7.1   Wie wir unser Leben „erleben"

digt ist. Wir denken immer wieder an die aufgeschobenen und unliebsamen Aufgaben und fühlen uns schuldig. Es ist tatsächlich sehr motivierend, gerade die Aufgaben, die wir nicht gerne ausführen schnellstmöglich abzuarbeiten. Eine unangenehme Aufgabe ist etwas, das wir nicht gerne tun, aber irgendeinen Grund dafür haben (einen „vernünftigen"). Auch haben wir ein Pflichtbewusstsein erlernt, das uns ständig mahnt, unsere Aufgaben zu erfüllen – unabhängig von unserem Bauchgefühl. Aufgaben, die Sie vor sich herschieben, sollten Sie kritisch prüfen. Sie zeigen, wo Sie etwas wahrscheinlich aus den falschen Gründen tun.

7.3   Heute hier, morgen dort

Auch der Raum ist Gegenstand solcher Gedankenspiele. In Zukunft sind wir natürlich nicht hier, sondern ganz woanders. An einem Ort, wo es selbstverständlich viel besser als hier ist. Kurioserweise ist diese Idee meistens völlig unabhängig davon, wo wir uns augenblicklich befinden. So wollen viele Deutsche nach Spanien in die Sonne und viele Spanier nach Deutschland, um einen guten Job zu finden. Deutsche, die es nach Spanien geschafft haben, wollen wieder zurück nach Deutschland, weil sie die eine oder andere Sache vermissen, und Spanier, die in Deutschland leben, wollen wieder nach Hause zu ihrer Familie. Dabei unterliegen wir wiederum einer selektiven Wahrnehmung: An dem Ort, an dem man sein möchte, nimmt man nur das wahr, was man für besser hält. Am jetzigen Ort sieht man vor allen Dingen das Negative und erkennt die Vorzüge nicht. Achten Sie auf einen differenzierten Blick. Spanien und Deutschland sind hier natürlich nur Beispiele und durch beliebige andere Orte ersetzbar.

Das „Jetzt" spielt genau wie das „Hier" oft nur eine untergeordnete Rolle. Es wird als ein Punkt markiert, von dem aus wir „woanders" hin wollen. Eine mögliche Verbesserung unserer Situation findet nicht „hier" und „jetzt" statt, sondern an einem anderen Ort zu einer anderen Zeit. Eines sollte jedoch klar sein:

> **Jegliche Verbesserung beginnt *jetzt* und *hier*.**

Ein Verschieben auf morgen und das gelobte Land führt vor allem dazu, dass es weitergeht wie bisher. Die Schwierigkeit, genau den Ort zu finden, an dem man sofort glücklich ist, liegt vielleicht in einem grundlegenden Irrtum: Wir suchen diesen Ort auf der Landkarte, dabei liegt er in unserem Innern. Glücklich sein können wir im Prinzip an jedem beliebigen Ort der Welt, wenn wir mit uns selbst im Reinen sind. Glück, Zufriedenheit und Selbstbestätigung sind nicht ortsgebunden. Das lernt man arn besten, wenn man den Ort erreicht hat, von dem man immer angenommen hat, dass dort das Glück zu Hause ist. Vielleicht war Ihr Ziel ja, in Spanien ein Haus am Meer zu haben und dementsprechend haben Sie sich eingeredet, dass Ihr persönliches Glück an diesem Ort wohnt. Solange Sie nicht endlich dort wären, könnten Sie also gar nicht rundherum zufrieden sein. Dort angekommen, mussten Sie jedoch feststellen, dass Sie auch dort nicht wirklich zufriedener als vorher waren. Sie waren zwar genau an dem Ort, wo Sie immer hinwollten, aber innerlich noch immer nicht da angekommen, wo Sie tatsächlich hinwollten – an einen Ort namens „Zufriedenheit". Also wieder zurück ans Wunschboard und noch einmal genau und tief reflektieren, was die wirklichen Ziele sind ...

Zufriedenheit ist nicht ortsgebunden, auch wenn man sich selbstverständlich an einem Ort wohler fühlen mag als an einem anderen Ort. Zu Hause ist, wo das Herz ist, und das Herz ist, wo man sich willkommen fühlt und wo Freunde oder Familie sind.

Focused Thinking: Schon der Start ist Ihr erster Erfolg

Sie finden es schon mühsam und frustrierend sich Ihre Ziele zu überlegen? Sie würden am liebsten direkt loslegen und Erfolge erzielen? Dabei ist das Herausfinden Ihrer Ziele schon ein erstes wichtiges Ziel auf dem Weg zu einem besseren Leben. Jetzt am Anfang ist es wichtig, sich über alles klar zu werden und einen Plan zu entwerfen. Mit einem guten Plan haben Sie beste Chancen, alles zu erreichen, was Ihnen wichtig ist. Aber auch schon das Nachdenken über das, was Sie eigentlich wollen, ist ein riesiger Erfolg. Lassen Sie sich nicht davon ablenken, wenn Ihnen nicht sofort einfällt, was Sie wirklich wollen. Sammeln Sie Ideen, testen Sie die Ideen und verbessern Sie die Ideen:

Jeder Weg beginnt mit dem ersten Schritt.

Sie können sich schon in Kürze über das Erreichen eines Zwischenzieles und einen ersten Erfolg freuen. Sie müssen nur sammeln, was Ihre neuen Ziele sein könnten. Diese Sammlung ist keine lästige Vorarbeit, sondern eine große Etappe. Nur mit neuen Ideen haben Sie etwas in der Hand, das sie anschauen, überprüfen, hinterfragen und optimieren können. Ohne diese Überlegungen werden Sie weiter irgendetwas versuchen und schnell aufgeben, weil es Sie nicht weiterbringt. Nehmen Sie sich also Zeit dafür, experimentieren Sie mit Ideen, seien Sie verrückt, sprechen Sie mit andern über Ihre ersten Ideen, überdenken Sie Ihre Ideen und tüfteln Sie daran herum. Nehmen Sie sich jetzt fünf Minuten Zeit und legen Sie gleich los. Freuen Sie sich über den ersten Schritt! Im

Folgenden sehen Sie, wie Sie mit Ihren ersten Ideen weiterarbeiten können.

7.4   Den richtigen Kurs einschlagen

„Ich will reich und berühmt werden" ist *kein* eindeutig definiertes Ziel. Genau definierte Ziele geben uns eine Richtung und einen Sinn. Solche Ziele dienen immer unserer Selbstverwirklichung.

Definieren Sie die Ziele schriftlich und wiederholen Sie diese Zielvorgaben gebetsmühlenartig. Konzentrieren Sie sich auf die Zielerreichung und fassen Sie dabei möglichst immer nur ein großes Ziel ins Auge. Verzetteln Sie sich nicht. Man kann durchaus mehrere kleine Ziele zur gleichen Zeit haben. Ein (kleineres) Ziel zu erreichen motiviert uns und gibt uns Kraft für das große Ziel. Arbeiten Sie doch einmal spaßeshalber mit den Wunschboard. Sehen Sie sich die Bilder und Texte an, die Sie auf das Board heften und überlegen Sie, ob es wirklich dies ist, was Sie sich wünschen.

Spezifizieren Sie dabei so genau wie möglich. „Selbstverwirklichung" ist nicht unbedingt ein definiertes Ziel. *Wie* wollen Sie sich selbst verwirklichen? Wollen Sie Erfolg als Schriftsteller oder als Vortragsredner, als Schauspieler oder als Abteilungsleiter haben? Soll es eine beliebige Harley sein oder lieber eine nagelneue Fat Boy Special von 2014? Je genauer die Definition, desto besser kann eine Fokussierung erfolgen. Je genauer die Fokussierung, desto besser für die Zielerreichung.

7.5   Das große Ziel sollte etwas Besonderes sein

Vergessen Sie dabei zuerst einmal Attribute wie „unrealistisch" und „unerreichbar". Haben Sie den Mut und setzen Sie sich genau das große Ziel, von dessen Erreichen Sie immer geträumt haben. Warum nicht? Sich persönliche Ziele zu setzen ist etwas anderes als eine Zielvereinbarung mit dem Arbeitgeber zu treffen. Hier ist eine Zielerreichung unter Umständen an Bonuszahlungen geknüpft und sollte immer erreichbar sein (natürlich mit einer gewissen Anstrengung …). Im privaten Bereich darf das anders sein. Das Risiko ist zu scheitern. Wenn Sie es aber nicht wenigstens versuchen, haben Sie allerdings schon jetzt verloren. Haben Sie Vertrauen in Ihre Fähigkeiten. Das, was Sie noch nicht beherrschen, können Sie lernen. Schreiben Sie auf einen Zettel „Eigentlich würde ich gerne …" und beenden Sie den Satz auf verschiedene Weise. Schreiben Sie nichts Vernünftiges auf, sondern nur Dinge, nach denen Sie sich wirklich sehen.

Es war lange Zeit unmöglich, die Welt zu umrunden („Die Erde ist eine Scheibe"), es war dem Menschen nicht möglich zu fliegen („… sonst hätte Gott uns Flügel gegeben") und genauso wenig ist es möglich, dass Sie dieses oder jenes Ziel erreichen oder sich einen bestimmten Wunsch erfüllen. Alle diese Behauptungen sind und waren falsch. Versuchen Sie das Unmögliche und Sie werden wachsen und Ziel verwirklichen, die Ihnen heute noch utopisch erscheinen. Wir wissen nicht wirklich, was für uns möglich und was unmöglich ist, weil wir unsere Grenzen nicht kennen. Am Ende werden wir nicht bedauern, es versucht und nicht geschafft zu haben, wir werden bedauern es *nicht* versucht zu haben.

Bleiben Sie dabei aber ehrlich mit sich selbst. Wenn Sie sich als großes Ziel setzen, Gitarre spielen zu lernen und in zwei Jahren als Vorgruppe von den Stones aufzutreten, ist das zwar ein großes Ziel, im Prinzip wissen Sie aber, dass dieses Ziel nicht erreichbar ist (oder Sie brauchen neben einer sehr großen Begabung auch noch unwahrscheinlich viel Glück). Da Sie bereits bei der Zielbeschreibung wissen, dass sich dieses Ziel mit den vorhandenen Rahmenbedingungen sehr wahrscheinlich nicht erreichen lässt, ist Ihre Motivation entsprechend gering (oder wird im Laufe der zwei Jahre sehr gering werden). Versuchen Sie sich also durchaus an *angeblich* unmöglichen Zielen, wenn Sie selbst der festen Meinung sind, diese auch erreichen zu können. Demotivieren Sie sich aber nicht selbst, indem Sie sich Aufgaben vornehmen, die bei ehrlicher Betrachtung sehr wahrscheinlich nicht zu bewältigen sind.

Sollte sich allerdings erst im Nachhinein herausstellen, dass ein bestimmtes Ziel nicht erreichbar war, ist das eine ganz andere Situation. Das kommt vor. Wir verändern uns ständig weiter und gewinnen auf unserem Weg neue Erfahrungen und neue Erkenntnisse. Dies kann dann dazu führen, dass wir unsere Ziele überdenken und gegebenenfalls auch ändern (müssen). Eine solche Situation sollte nicht frustrierend, sondern sogar motivierend sein. Wir können uns überlegen, ob wir mit einer veränderten Strategie das Ziel doch noch erreichen können, ob wir das Ziel neu formulieren oder gar ein alternatives Ziel suchen wollen. Versuchen Sie nicht, Ziele zu finden, die garantiert richtig sein müssten. Beginnen Sie mit guten Zielen und beginnen Sie, diese immer wieder zu verbessern. Es ist kein Scheitern, wenn Sie Ihre Ziele optimieren, sondern es ist Fortschritt. Ihre Ziele und Ihr Leben sind wie ein Garten, den Sie immer schöner anlegen.

7.6 Ziele verändern sich

So, wie wir uns mit der Zeit verändern, ändert sich auch das, was im Leben wichtig ist. Unsere Wünsche und Ziele passen sich neuen Lebensumständen und Erfahrungen an. Ziele zu verwirklichen ist ein lebenslanger Prozess. Dabei ist es kein Anzeichen fehlender Konsequenz, wenn man feststellt, dass man heute ganz andere Ziele hat, als noch vor ein paar Jahren. Vielmehr ist es von essenzieller Wichtigkeit, Wünsche und Zielvorstellungen ständig zu hinterfragen und bei Bedarf anzupassen. Es ist nicht sinnvoll, an Zielen nur festzuhalten, weil wir beispielsweise bereits eine erhebliche Menge an Ressourcen (Zeit, Geld, Gefälligkeiten etc.) investiert haben. Es hat sich auf jeden Fall gelohnt, dieses Ziel bis hierhin verfolgt zu haben, denn wir haben nun festgestellt, dass dies *nicht* das ist, was wir wirklich wollen. Der Aufwand war also nicht umsonst. Anstatt weiter gesellschaftlichen Konventionen zu folgen und an einem Ziel festzuhalten, von dem wir nicht mehr überzeugt sind, müssen wir nun aber den Absprung schaffen und unser Ziel neu festlegen. Wir werden befreit und motiviert an die neue Aufgabe herangehen, anstatt demotiviert einen offensichtlich falschen Weg weiterzuverfolgen.

Wir müssen lernen, mit gesellschaftlichen Konventionen zu brechen und uns Freiräume zu schaffen. Wenn Sie davon überzeugt sind (und es nicht illegal und unmoralisch ist), dann ist die Meinung der anderen nicht so wichtig. Und ein schlechtes Gewissen, weil wir unsere Meinung revidieren, bringt uns nicht weiter. Es ist sogar ein Zeichen von Stärke, Fehlentwicklungen zu erkennen und zu korrigieren. Es geht in unserem Leben um uns, nicht darum, was andere von uns erwarten. Nur wenn diese Erwartungshaltung mit unseren Prinzipien und Vorstellungen übereinstimmt, ist sie für uns akzeptabel. Das klingt sehr egoistisch – letztendlich geht es aber um uns. Wenn wir uns gut fühlen, sind wir in der Lage, dies auf unsere Umwelt und unsere Mitmenschen zu übertragen. Ich behaupte, ein gesunder Egoismus kommt unserem Umfeld wesentlich mehr zugute als eine falsch verstandene Unterordnung unter gesellschaftliche Anschauungen und ein damit verbundenes Gefühl der Demotivation und Unzufriedenheit mit sich selbst und dem Leben.

Ziele zu hinterfragen und zu verändern ist auch ein wenig, wie die alten Klamotten auszumisten. Dieses oder jenes Kleidungsstück hat mir letztes Jahr gefallen, dieses Jahr jedoch nicht mehr – weg damit. Werden Sie nicht zum Messi alter Überzeugungen und Vorstellungen. Schaffen Sie Platz in Ihrem Leben und räumen Sie mit überholten Anschauungen und Wünschen auf. Wir neigen oft dazu, alles aufzubewahren, Gegenstände genauso wie Überzeugungen. Mit der Zeit wundern wir uns dann, wie viel sich angesammelt hat.

Durch diese Übung lernen wir auch Nein zu sagen. Genauso wie wir uns für Ziele entscheiden, die wir unbedingt erreichen möchten, entscheiden wir uns auch dafür, bestimmten Anschauungen, Verhaltensweisen, Dingen oder auch Personen keinen Platz mehr in unserem Leben zu geben. Viele haben verlernt, Nein zu sagen, oder leiden unter schlechten Gewissen, wenn sie sich gegen etwas oder jemanden entscheiden. Menschen in Ihrem Umfeld (Freunde, Verwandte, Lebenspartner) müssen lernen, auch einmal Ihr Nein zu akzeptieren. Wenn Sie etwas nicht mehr wollen, sagen Sie laut und deutlich: Nein – und bleiben Sie dabei! Sollte es etwas in Ihrem Leben geben, das Sie unbedingt loswerden wollen, können Sie dies auch auf Ihrem Wunschboard darstellen, indem Sie beispielsweise ein Foto oder eine Beschreibung davon auf Ihr Board pinnen und deutlich durchstreichen. Sie erinnern sich so immer wieder daran: „Das ist es, was ich *nicht* mehr will", und Sie entwickeln Strategien, um dieses Ziel zu erreichen. Vor allem unterstützt Sie das Board aber dabei, kein schlechtes Gewissen mehr zu haben, weil Sie etwas ablehnen.

Focused Thinking: Entwerfen Sie Ihre Vision

Alle großen und kleinen Ziele zusammen ergeben ein Bild der Zukunft. So stellen wir uns unser Leben in ein paar Jahren vor. Falls Sie ein Wunschboard nutzen, haben Sie wahrscheinlich ein relativ vollständiges Bild vor Augen. Nur wenn Sie genau wissen, wo Sie wirklich hinwollen, haben Sie ein lohnendes Ziel, das die Mühe wert ist. Mit dem üblichen „Ich wäre gerne reich" oder „Ich hätte gerne ein tolles Leben" erreichen Sie gar nichts. Wenn Sie eine Vision haben, die faszinierend und klar ist, werden Sie spüren, wie Sie magisch von ihr angezogen werden.

Achten Sie darauf, dass Sie ein starkes, positives Gefühl überkommt, wenn Sie an Ihre Vision denken. Wenn Sie das nicht haben, dann ist die Vision ziemlich sicher wieder nur an der Vernunft oder dem, was alle wollen, orientiert.

Versuchen Sie sich alternativ einmal die Zukunft vorzustellen, wenn alles genauso weiterläuft wie bisher. Wo sind Sie dann und was tun Sie dann in vielleicht 5 Jahren? Sobald Sie auch hier ein einigermaßen stimmiges Bild vor Augen haben, vergleichen Sie Ihre „ideale Zukunft" mit der „Ich-mach-einfach-weiter-so-Zukunft". Entscheiden Sie sich bei dieser Übung auch für 5 bis 10 Dinge, die in Zukunft in Ihrem Leben auf keinen Fall mehr eine Rolle spielen sollen. Haben Sie dies bei Ihrer Zukunftsplanung berücksichtigt? Auf der anderen Seite: Was würden Sie gerne tun? Wo würden Sie gerne sein und mit wem? Mit was beschäftigen Sie sich?

7.7   Das Zauberwort

Focused Thinking: Seien Sie dankbar

„Wie heißt das Zauberwort?" Diesen Spruch haben Sie wahrscheinlich schon recht oft gehört. Vor allen Dingen, wenn wir etwas von unseren Mitmenschen wollen.

„Wie wir in den Wald hineinrufen, so schallt es heraus!" Unsere Umgebung registriert durchaus unsere Art und Weise, um etwas zu bitten, oder wie wir mit bestimmten Situationen umgehen. Dankbarkeit wird von unseren Mitmenschen registriert und animiert diese, unserem Wunsch zu entsprechen. Es animiert uns aber auch selbst, indem unsere Aufmerksamkeit auf bestimmte Ereignisse gelenkt und von anderen abgelenkt wird.

Wenn Sie sich jeden Abend ein paar Dinge überlegen, für die Sie während des vergangenen Tages dankbar sein können, verschiebt sich mit der Zeit Ihre Lebenseinstellung immer mehr ins Positive (Achtsamkeit). Dankbare Menschen sind glücklichere Menschen. Sie fokussieren sich auf Dinge, die sich positiv für sie entwickeln. Viele Menschen haben eine Tendenz, negativen Ereignissen mehr Bedeutung beizumessen als positiven Ereignissen. Wenn wir lernen „Danke" zu sagen, dann sagen wir zu uns selbst, von welchen Ereignissen im Leben wir mehr haben wollen. Wir konzentrieren uns auf das Positive, und allein dadurch fühlen wir uns besser (Heidenreich und Michalak 2004).

Tatsächlich ist es eine Eigenart unseres Verstandes, vor allem die Probleme wahrzunehmen. Natürlich bedürfen Probleme einer Lösung und sind deswegen sehr wichtig. Allerdings neigen wir gesellschaftlich dazu, alles zu perfektionieren, und so kann es passieren, dass man an Kleinigkeiten verzweifelt und Erreichtes nicht wahrnimmt. Das Konzept der Achtsamkeit basiert darauf, sich gezielt damit zu beschäftigen, was schon erreicht und gewonnen ist. Sie werden merken, dass es am Anfang gar nicht so leicht ist, etwas Positives zu finden. Wir sind es nämlich gewohnt, Erfolge zu marginalisieren (kleinzureden) und Probleme und Defizite zu überhöhen – genaugenommen ist in unserer Gesellschaft nichts gut genug, und man muss immer mehr erreichen. Dankbarkeit ist eine gute Hilfe, nicht nur Positives „aufzulisten", sondern sich gleichzeitig auch klarzumachen, dass das Positive nicht selbstverständlich, sondern wertvoll und ein Verdienst Ihrer Leistung ist. Sobald Sie zu der Einsicht kommen, dass es Dinge gibt, über die Sie sich freuen können und für die Sie dankbar sind, wird auch das positive Gefühl ausgelöst, dass Sie empfinden, wenn Sie etwas wirklich schätzen.

Die bewusste Fokussierung auf Dinge, Ereignisse und Sachverhalte für die wir dankbar sein können, ruft uns die positiven Aspekte unseres Lebens zurück ins Gedächtnis. Viele Dinge werden mit der Zeit eben selbstverständlich und werden von nicht mehr aktiv als positiv wahrgenommen. Haben Sie Schwierigkeiten, etwas Positives zu finden? Im Prinzip sind es die vielen eher „kleinen" Dinge:

Beispiel

- Wir leben in einer erfüllenden Beziehung.
- Es herrscht Frieden.
- Wir sind gesund.
- Unsere Familie ist gesund.
- Wir haben ein regelmäßiges Einkommen.
- Wir können uns sattessen.
- Die Sonne scheint/es regnet/es schneit.

* Wir können lange schlafen.
* Der Kaffee/das Essen/das Getränk schmeckt gut.
* Ein Lächeln.
* Der Sonnenuntergang/Sonnenaufgang.

Oft wird uns erst bewusst, was wir hatten, wenn wir einen Verlust erlitten haben. Stellen Sie sich wirklich vor, wie es wäre, wenn Sie keine Wohnung, kein Auto, keine Freunde oder kein Geld für Essen hätten. Wie sähe das konkret aus? Wäre das nicht wirklich ein riesiger Unterschied? Wofür sind Sie also dankbar?

Die guten Seiten unseres Lebens unter dem Blickpunkt der Dankbarkeit neu zu betrachten, lenkt unsere Aufmerksamkeit auf diese positiven Aspekte und lässt uns immer mehr davon entdecken. Je mehr Positives wir wahrnehmen und in unseren Fokus nehmen, desto mehr wird sich auch unser Wohlbefinden steigern.

Es geht hier nicht darum, die negativen Seiten zu ignorieren. Auch diese negativen Aspekte sind selbstverständlicher Teil unseres Lebens. Es geht vielmehr darum, unsere Kraft auf die positiven Aspekte zu fokussieren und diese dadurch zu verstärken.

> **„Wie man in den Wald hineinruft, so schallt es hinaus."**
> (Sprichwort)

So, wie wir uns anderen Menschen gegenüber verhalten, werden diese sich in der Regel auch uns gegenüber verhalten. Es dürfte noch niemanden geschadet haben, einfach einmal Danke zu sagen.

Dankbarkeit verbindet uns mit der Quelle unserer Zielerreichung, mit dem Fluss positiver Energie und dem Wohlgefühl des Erfolges und der Befriedigung, wenn wir unsere Wünsche umgesetzt haben. Je näher wir dieser unerschöpflichen Quelle sind, desto leichter wird es uns fallen, auch in Zukunft unsere Ziele zu verwirklichen. Wenn wir dankbar sind, wird es uns schwerer fallen, uns um die negativen Aspekte unseres Lebens zu ausführlich zu kümmern. Dankbar sein bedeutet, das Positive im Leben und die schöpferische Kraft anzunehmen.

7.8   Zusammenfassung des Kapitels

Die einzige Zeit und der einzige Ort, wo wir irgendetwas bewegen können, ist das Hier und Jetzt. Es existieren weder Vergangenheit noch Zukunft. Erinnerungen an die Vergangenheit sind immer sehr subjektiv (wie unsere gesamte Wahrnehmung der Wirklichkeit). Wir berücksichtigen die Erfahrungen, die wir in unserem bisherigen Leben gemacht haben und kalkulieren Wahrscheinlichkeiten von zukünftigen Ereignissen, allerdings erfolgt alles Handeln ausschließlich in der Gegenwart. Alles andere ist „Kopfkino" – Echos von vergangenen Ereignissen oder Gedankenspiele, was sein könnte. Dabei sind noch nicht einmal sogenannte Experten fähig, ein auf ihr Fachgebiet begrenztes Zukunftsszenario sicher vorherzusagen. Niemand der Millionen Ökonomen hat die Wirtschaftskrise in ihrem Ausmaß vorhersagen können, kaum einer war vorbereitet. Wir können also „lediglich" hier und jetzt dafür sorgen, alles Nötige (und Mögliche) in die Wege zu leiten, um unsere Ziele erreichen zu können. Dabei ist es auch egal, wo wir uns befinden. Wenn wir uns sagen: „Wenn ich erst einmal da oder dort bin, kann ich dies oder jenes machen", verschieben wir wieder jegliches Handeln auf eine unbestimmte Zukunft. Diese trifft vielleicht ein, vielleicht aber auch nicht. Handeln sie deshalb jetzt.

Seien Sie auch jetzt dankbar für alle die guten Dinge, über die Sie schon heute verfügen und die Ihnen heute begegnen. Verschieben Sie den Fokus auf die positiven Dinge des Lebens (Positivfokussierung, Achtsamkeit), und seien Sie dankbar für all dies. Mit der Zeit wird sich auch Ihre innere Einstellung zum Positiven hin verschieben.

7.9 Übungen zur Zielerreichung

7.9.1 Praktische Übung 1

Erstellen Sie sich eine Liste mit all den Dingen, für die Sie persönlich dankbar sein können. Werden Sie sich bewusst, wie viel Materielles oder Immaterielles es schon jetzt in Ihrem Leben gibt, über das Sie sich freuen können. Sie werden sich sofort besser fühlen und eine positivere Grundhaltung einnehmen. Dankbar zu sein lässt sich trainieren. Je öfter man sich all die Dinge ins Gedächtnis ruft, für die man wirklich dankbar sein kann und über die man sich freuen kann, desto positiver wird die eigene Grundstimmung werden. Suchen Sie sich für Ihre Liste auch ganz bewusst alltägliche Dinge aus. Gerade die kleinen Glücksgefühle machen unser Leben lebenswert. Mithilfe dieser Liste wird uns langsam klar werden, wie reich wir schon heute sind. Man nennt das auch „Positivfokussierung" (im Gegensatz zur „Negativfokussierung", bei der man sich auf die negativen Seiten konzentriert).

7.9.2 Praktische Übung 2

Stecken Sie sich ein paar Münzen in die linke Hosentasche. Für alles, was gut läuft (Parkplatz gefunden, tolle Jeans zum guten Preis entdeckt, fünf Stunden rauchfrei, „grüne Welle" erwischt), wechseln Sie eine dieser Münzen in die rechte Tasche. Zählen Sie abends, wie viele der Münzen von der linken in die rechte Tasche gewandert sind. Jede einzelne der Münzen steht für ein positives Erlebnis. Sie können sich auch auf dem Kalender diese Zahl notieren und so ab und zu mal nachsehen, wie viele gute Ereignisse im Laufe der letzten Woche oder des letzten Monats tatsächlich stattgefunden haben – Sie werden überrascht sein, wie viel Positives uns täglich begegnet, dem wir keine oder kaum Beachtung schenken.

Literatur

Heidenreich T, Michalak J (Hrsg) (2004) Achtsamkeit und Akzeptanz in der Psychotherapie. Ein Handbuch. dgvt-Verlag, Tübingen

Weiterführende Literatur
Huppertz M (2009) Achtsamkeit. Befreiung zur Gegenwart: Achtsamkeit, Spiritualität und Vernunft in Psychotherapie und Lebenskunst. Theorie und Praxis. Junfermann, Paderborn

8

Was wir wollen

8.1 Was Sie in diesem Kapitel erwartet

Sie lernen, wie man „destruktive" Routinen durch „konstruktive" Routinen ersetzen kann und dass jede zielgerichtete Handlung erfolgreicher ist, wenn diese auf einer freien Entscheidung basiert. Wir beschäftigen uns in diesem Kapitel außerdem mit Empathie und wie uns diese bei unserer Zielerreichung behilflich sein kann. Außerdem erfahren Sie, dass Sie einzigartig sind.

8.2 Der freie Wille

Jede Entscheidung für oder gegen eine Veränderung basiert auf unserem freien Willen, so und nicht anders handeln zu wollen. Genau aus diesem Grund ist es manchmal auch so schwierig, Veränderungen (und seien sie noch so offensichtlich notwendig) durchzusetzen. Veränderungsprozesse innerhalb von Organisationen werden durch die anhaltende Ablehnung von Mitarbeitern oder gar Managern teils erheblich erschwert. Vorsätze, wie beispielsweise mit dem Rauchen aufhören zu wollen, können nur dann erfolgreich sein, wenn man sich freiwillig und von ganzem Herzen dazu

© Springer-Verlag Berlin Heidelberg 2016
P. Postinett et al., *Das Happy Life Construction Manual*,
DOI 10.1007/978-3-662-49436-3_8

entschlossen hat. Erfolgreiche Veränderungen basieren auf einer (gewissen) Freiwilligkeit der involvierten Person(en).

Vor allen Dingen in größeren Organisationen wird viel zu oft versucht, Mitarbeiter mit ablehnender Haltung durch gebetsmühlenartige Wiederholungen der Gründe und Vorteile der beabsichtigten Veränderung zu „bekehren". Meiner Erfahrung nach ist dies in den meisten Fällen zwecklos. Eine Ablehnung durch eine Person erfolgt oft nicht als Resultat eines objektiven Abwägungsprozesses, sondern aus wesentlich emotionaleren Gründen. Basis für eine erfolgreiche Veränderung ist immer eine freie Entscheidung. Fehlt diese, wird die betreffende Person den Veränderungsprozess offen oder versteckt torpedieren und so eine Menge Schaden anrichten. Wir müssen uns also den persönlichen Nutzen einer Veränderung klar vor Augen führen und offen die Chancen gegen die Risiken abwägen. Bei vielen Verweigerern fehlt diese individuelle Abwägung. Da bei fast allen Veränderungen auch ein Verlust einkalkuliert werden muss, tritt die Angst vor diesem Verlust häufig derart in den Vordergrund, dass positive Effekte von vorherein nicht mehr als wichtig genug betrachtet werden, um eine Veränderung zu unterstützen. Eine größere Veränderung lässt sich nur dann erfolgreich durchführen, wenn wir den Sinn dieser Veränderung verstehen und auch teilen.

Info-Kasten: Emotionen

Emotionen kann man als die gefühlsmäßige Tönung einer Situation verstehen. Die Worte Gefühl und Emotion werden umgangssprachlich synonym verwendet. Eine

Unterscheidung ist hier nicht wichtig, sondern vielmehr eine Konkretisierung. Zunächst können positive (angenehme) Gefühle von negativen (unangenehmen) Gefühlen unterschieden und als Lust oder Unlust kategorisiert werden. Hier wird klar, warum es sich um eine „Tönung" handelt. Wir nehmen nicht bewusst wahr, ob wir positive oder negative Gefühle haben, aber etwas ist uns angenehm oder unangenehm. Gefühle werden autonom (oder im so genannten impliziten Funktionsmodus nach Grawe) ausgelöst. Verschiedene Zentren im Gehirn überwachen die aktuelle Situation und haben aus der Erfahrung „eingespeichert", ob Merkmale der Situation für uns positiv oder negativ sind. Man kann hier von Tönung sprechen, weil dies uns nicht sonderlich bewusst ist, aber doch die Situation positiv oder negativ „einfärbt". Es ist also sehr wichtig, sowohl negative als auch positive Gefühle wahrzunehmen. Der nächste Schritt ist die Analyse des Gefühls: Ist es Wut, Ärger, Frust, Traurigkeit, Angst, Abneigung oder Ablehnung (um ein paar negative, umgangssprachliche Gefühle zu nennen)? Oder ist es Freude, Verlangen, Vergnügen, Befriedigung? Und wenn Sie das Gefühl näher beschreiben können, was könnte es ausgelöst haben? Sie werden merken, dass es nicht leicht ist, das herauszufinden, aber gleichzeitig werden Sie sehr viel über sich selbst lernen (Rost 2005). Anmerkung: In der Literatur werden Emotionen bzw. Gefühle sehr unterschiedlich eingeteilt und benannt und hier wurden möglichst eingängige, umgangssprachliche Bezeichnungen verwendet.

Es gibt tatsächlich keinen logischen Grund, weiterhin zu rauchen, wenn ich weiß, dass ich damit mein Leben aufs Spiel setze. Allerdings ist der Entzug schwierig und wird einiges an Anstrengung kosten. Ganz zu schweigen vom vermeintlichen Genuss in manchen Momenten, beispielsweise nach dem Essen, nach dem Sex oder bei Nervosität. Auch könnte es sein, dass man ein paar Kilo zulegt. Also blenden wir die Risiken lieber aus. Wenn ich die negativen Seiten ignoriere, überwiegen selbstverständlich immer die positiven Aspekte. Außerdem habe ich dann auch kein schlechtes Gewissen – oder vielleicht doch? Natürlich, denn im Grunde wissen wir ja, dass wir uns selbst etwas vormachen. Weil dies so ist, verteidigen wir unsere vermeintlich aus freiem Willen getroffene Entscheidung, weiterhin zu rauchen umso mehr (Auflösung kognitiver Dissonanz).

Die Firma plant eine neue Software einzuführen? Eigentlich eine gute Sache, denn die Software wird dem Unternehmen helfen, auch in Zukunft konkurrenzfähig zu bleiben. Andererseits arbeiten wir mit der heutigen Software seit vielen Jahren. Sie ist komplett an unsere Bedürfnisse angepasst, und wir kennen jeden Trick und Kniff. Mit diesem Programm macht uns niemand etwas vor, wir sind wirklich gut in diesem Job, weil wir das Programm aus dem „FF" kennen. Das neue Programm kennen wir dagegen nicht. Wir wären wieder am Anfang und würden unseren ganzen Einfluss verlieren. Wir sind also gegen die Einführung des neuen Programms und werden uns mit all unserer Kraft dagegen wehren. Nicht weil es schlecht wäre (wir kennen es ja gar nicht genug, um dies beurteilen zu können), sondern weil es für uns schlecht wäre. Wir finden immer wieder neue Gründe, warum das Projekt angeblich scheitern wird: Die neue Software ist nicht flexibel genug, wichtige Funktionen fehlen, sie ist zu kompliziert etc. Wir blenden die positiven Seiten einfach aus, und schon bestätigt sich, dass es vorwiegend Nachteile hätte, jetzt umzustellen. Wenn es dann noch zu Problemen in der Einführungsphase kommt (was fast immer der Fall ist), sehen wir unsere Ablehnung bestätigt und wehren uns umso mehr.

Die guten Vorsätze für das neue Jahr fallen ebenfalls in diese Kategorie. Einerseits wissen wir, dass wir mehr Sport machen, positiver denken oder vielleicht aufmerksamer zu unserem Partner sein sollten. Andererseits ist damit eine, eventuell erhebliche, Anstrengung verbunden. Wir müssten unsere Komfortzone verlassen und uns richtig Mühe geben. Vielleicht müssten wir sogar zugeben, dass wir uns bisher geirrt haben, und unseren Widerstand aufgeben. Das ist natürlich schwierig. Wir müssten unseren sprichwörtli-

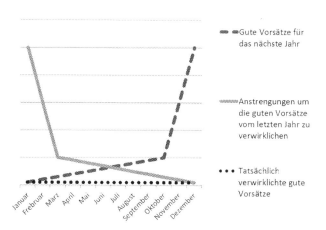

Abb. 8.1 Vorsätze für das neue Jahr werden selten verwirklicht

chen inneren Schweinehund überwinden (Abb. 8.1). Aber: „Was du heute kannst besorgen, das kannst du auch noch morgen…" Es kommen ja noch genug Gelegenheiten, alles so zu machen, wie man es sich vorstellt. Oder?

Focused Thinking: Achtung vor Bequemlichkeit

Wenn man erst einmal die Widerstände überwunden und sich die neue Situation etabliert hat – sie zur neuen Routine geworden ist –, will man meist nicht wieder zur alten Situation zurückkehren. Ein möglicher Verlust dessen, was man hat, wiegt wesentlich schwerer als die vage Aussicht auf einen möglichen Gewinn. Es ist hilfreich, das Neue auszuprobieren. Bevor man sich entscheidet, in eine andere Stadt zu ziehen, kann man beispielsweise erst einmal ein Wochenende dort verbringen und sich einmal anschauen, ob man die Stadt mag.

8.3 Spiegelneuronen

Wir Menschen haben sogenannte Spiegelneuronen in unseren Gehirnen. Kleine Kinder imitieren mithilfe dieser Spiegelneuronen Gesichtsausdrücke und Verhaltensweisen (wobei aber auch viele Verhaltensweisen vererbt sind). Auch erwachsene Menschen imitieren andere Menschen in ihrer Umgebung. Spiegelneuronen sind für den Menschen wichtig, weil sie helfen zu bemerken, was mit unserem Gegenüber gerade los ist (Empathie). Spiegelneuronen erkennen beispielweise die Traurigkeit eines Mitmenschen und lassen uns dies nacherleben. Das dient dem sozialen Gefüge und der gegenseitigen Fürsorge (auch wenn mancher Zeitgenosse reichlich wenig auf seine Spiegelneuronen achtet). Diese Wahrnehmung der anderen verleitet uns auch, deren Verhalten zu übernehmen. Vielleicht haben Sie es selbst schon einmal ausprobiert: Wenn Sie angestrengt in den Himmel starren und ein interessiertes oder ungläubiges, überraschtes Gesichts machen, werden die Menschen in Ihrer Umgebung das Gleiche tun. Wenn Sie bei einem Konzert anfangen zu applaudieren oder nach einer Zugabe verlangen, werden sich Ihnen die anderen Zuschauer nach und nach anschließen. Wenn viele Menschen in unserer Umgebung vor Weihnachten anfangen, hektisch zu werden und gestresst zu sein, dann ist die Wahrscheinlichkeit groß, dass wir uns von dieser Hektik anstecken lassen. Wenn alle diese Menschen von Geschäft zu Geschäft eilen und den Kauf der Geschenke und der Zutaten der Festtagsmenüs zur alles bestimmenden Droge erklären, fällt es uns in der Regel sehr schwer, nicht genau das Gleiche zu tun, obwohl es uns vielleicht sogar nervt.

Wir hören nicht auf unsere eigenen Bedürfnisse, sondern wir kopieren Verhaltensweisen und sogar entsprechende Emotionen. Wir versuchen Teil der Herde zu sein. Eigene Meinungen treten dabei in den Hintergrund. Wir reflektieren in solchen Situationen unsere Denk- und Handlungsweise nicht genügend, um dies zu erkennen, oder wir ordnen uns ganz bewusst gesellschaftlichen Konventionen unter, weil wir meinen, das würde von uns erwartet – und weil das auch tatsächlich von uns erwartet wird!

Auch wenn Sie Ihre Tränen bei traurigen Filmen nur schwer oder gar nicht unterdrücken können oder gähnen müssen, wenn Sie jemanden ansehen, der gähnt, dann sind die vor etwa 20 Jahren entdeckten Spiegelneuronen am Werk. Diese speziellen Zellen lassen uns innerlich bestimmte Emotionen nachempfinden, die nicht uns direkt, sondern unser Gegenüber betreffen. Wir können uns dessen Gefühle jedoch vorstellen und erleben sie im gewissen Ausmaß nach. Die Spiegelneuronen interpretieren das Gesehene und lassen uns so fühlen, als ob wir es selbst erlebt hätten. Wir empfinden also Freude, Mitleid oder Schmerz, ohne dafür einen wirklichen Grund zu haben.

Das Beispiel des traurigen Films zeigt sehr klar, dass die Spiegelneuronen leicht manipulierbar sind. Was bei einem Film als Teil des Vergnügens funktioniert, kann beim Abschluss von Verträgen, dem Anschauen von Werbeanzeigen oder auch einer guten schauspielerischen Leistung von jemanden, der uns von etwas überzeugen will, zu unserem Nachteil ausgenutzt werden. Politiker appellieren an unsere Gefühle, um uns leichter ihre Meinung vermitteln zu können. Je mitreißender die Rede, desto eher sind wir bereit, mit der Masse zu jubeln. Wir lassen uns von unechten Emotionen manipulieren. Der Film, die emotionale Rede oder die Werbebotschaft beinhalten ja keine echten Gefühle. Trotzdem fallen wir oft genug darauf herein. Die modernen Massenmedien multiplizieren diese Wirkung, da man auf diesem Weg unzählige andere Menschen erreichen kann. Gerade Werbung macht sich diesen Effekt sehr stark zunutze!

Wir können jedoch trainieren, den Überblick zu behalten. Vor einer Verhaltensanpassung oder gar einer Unterschrift unter einen Vertrag können wir uns folgende Fragen stellen:

* Ist die Emotion echt?
* Will ich das wirklich tun?
* Bringt mich diese Option meinen eigenen Zielen näher?
* Welche Bedürfnisse habe ich?
* Wie fühle ich mich und warum?
* Was sind die Alternativen?

Wie bereits in Abschn. 5.8 beschrieben, sollten sich der gesunde Menschenverstand und unser Gefühl die Waage halten (Hickok 2015).

8.4 Wir sind einzigartig

8.4.1 Wer oder was bin ich eigentlich?

Sie sind einzigartig! Es gibt Sie, so wie Sie hier und heute sind, nur ein einziges Mal. Sie haben Ihre ganz eigene und unverwechselbare Geschichte, Ihre eigenen Gedanken. Nur Sie fühlen so, wie Sie fühlen, und nur Sie können Ihr unverwechselbares Leben leben. Das alles ist Persönlichkeit, und diese Persönlichkeit an sich ist niemals „mehr" oder „weniger". Es gibt allerdings eine unterschiedliche Mischung aus mehr oder weniger Dominanz, Humor, Selbstsicherheit, Extravaganz, Ängstlichkeit oder Mut, Offenheit oder Verschlossenheit, Neugierde, Spontaneität, Verantwortlichkeit, Optimismus oder Pessimismus, Pünktlichkeit, Nachlässigkeit, Genauigkeit, Kreativität usw.

Jeder einzelne Mensch auf diesen Planeten ist einzigartig, eine Melange aus all diesen und noch viel mehr Zutaten. Diese Eigenschaften sind zu einem Teil „ererbt", also genetisch bedingt, zu einem großen Teil sind sie aber ein Ergebnis aller gemachten Erfahrungen und Konditionierungen von unserer Geburt bis zum heutigen Tag.

Die Interaktion mit der uns umgebenden Welt formt uns ständig und verändert unsere Art zu denken und zu handeln mit jeder neuen Erfahrung. Wir definieren uns über unsere Umwelt. Unsere Persönlichkeit ist im ständigen Wandel. In jungen Jahren mehr und später, ab etwa 50, sind wir gefestigter in unseren Anschauungen. Was allerdings nicht heißt, dass hier keine Veränderung mehr möglich wäre.

Interessanterweise sind die wenigsten Menschen mit ihrer Persönlichkeit rundherum zufrieden. Dies führt uns zu einer weiteren und wichtigen Frage: Können wir unsere Persönlichkeit nach unseren eigenen Vorstellungen verändern? Die Antwort ist eindeutig: Ja, das können wir. Das ist nicht einfach, weil wir dazu erst einmal eine ehrliche Bestandaufnahme machen und uns danach auch überlegen müssen, wie denn unsere „ideale" Persönlichkeit aussieht.

Persönlichkeit ist die Art und Weise, wie wir unsere Umwelt wahrnehmen und interpretieren und wie wir auf diese Interpretation reagieren. Wir können unsere Wahrnehmung und unsere Interpretation des Wahrgenommenen verändern und damit auch unsere Reaktionen anpassen. Wir sind also durchaus in der Lage, Veränderungen an unserer Persönlichkeit selbst vorzunehmen.

Wenn wir unsere Ziele klar vor Augen haben, können wir uns überlegen, welche persönlichen Eigenschaften uns bei dieser Zielerreichung unterstützen können. Vielleicht wäre ein wenig mehr Geselligkeit nützlich, um besser Kontakte knüpfen zu können. Oder uns würde etwas mehr Geduld und Zielstrebigkeit guttun, um hartnäckiger an unseren Zielen arbeiten zu können. Überlegen Sie sich, welche Eigenschaften Sie auf Ihrem Weg unterstützen können und mit welchen Sie sich identifizieren. Fördern Sie diese. Grundsätzlich ist es wichtig, vorhandene Negativfokussierungen abzubauen und eine Positivfokussierung zu erreichen. Das bedeutet, nicht in Hindernissen und Problemen zu denken, sondern in Chancen und Veränderungen. Konzentrieren Sie Ihre Kraft auf die Dinge, die Sie verändern können und die Sie Ihren Zielen näherbringen. Die Barrieren sind da, und wir nehmen Sie zur Kenntnis, aber wir konzentrieren uns nicht auf diese Hindernisse. Wir versuchen vielmehr, dort wo es möglich ist, die Hindernisse aus dem Weg zu räumen. Da, wo es im Moment nicht machbar ist, suchen wir nach Alternativen. Die Problemlösung steht im Vordergrund. Wir lassen uns nicht von der Anzahl oder der Komplexität der Hindernisse entmutigen.

Man nennt diese Fähigkeit auch „Frustrationstoleranz". Diese besagt, wie lange man eine frustrierende Situation aushalten kann, ohne dabei die Sachlage falsch zu interpretieren und eventuell zu emotional zu reagieren. Die Frustrationstoleranz kann durch Training gestärkt werden. So können Sie beispielsweise die Wahrnehmung einer aktuell frustrierenden Sachlage durch die Vorstellung der zukünftigen Situation bei Zielerreichung ganz erheblich verändern und sich so motivieren, es doch noch etwas länger auszuhalten – natürlich nur, wenn das für Ihre Zielerreichung hilfreich ist.

8.4.2 Neue Fähigkeiten

Vielleicht stellen Sie bei der Problemanalyse fest, dass Ihnen bestimmte, notwendige Fähigkeiten fehlen. Hier ist es wichtig, offen und ehrlich mit sich selbst zu sein. Wenn Sie beispielsweise in einem anderen Land leben wollen, ist es selbstverständlich ratsam, die jeweilige Landessprache zu beherrschen. Auch hier reicht der bloße Wunsch, die fehlende Fähigkeit zu haben, natürlich nicht aus. In manchen Fällen kann man sich Rat von Fachleuten holen und damit das Problem lösen. In anderen Fällen muss man sich selbst bemühen. Ich sehe dies als Herausforderung. Es ist spannend, neue Dinge zu lernen, und man muss auch nicht perfekt werden. Es reicht, sich genug Wissen anzueignen, um nicht ständig von anderen Menschen abhängig zu sein.

Neue Fähigkeiten können auch eine immense Abkürzung auf dem eventuell sehr langen Weg zu Ihren Zielen darstellen. Stellen Sie sich einen Handwerker vor, der sein Haus bauen oder von Grund auf renovieren will. Wenn dieser Handwerker nur wenig Fähigkeiten und Werkzeuge hat, muss er sich immer wieder Unterstützung von anderen Handwerkern holen, oder er kann bestimmte Tätigkeiten schlicht nicht ausführen. Mit jedem neuen Werkzeug eröffnen sich jedoch neue Möglichkeiten. Der Handwerker bekommt neue Ideen und kann auf einmal Probleme lösen, die zuvor unüberwindbar schienen. Er wird dadurch unabhängiger und kann das Haus so renovieren, wie er es sich vorstellt. Er kann die bestehenden Probleme aktiv selbst angehen und Barrieren überwinden.

Wir verändern uns, indem wir an der Erreichung unserer Ziele arbeiten und werden uns, auf dem Weg zur Erfüllung unserer Wünsche, so verändern, dass wir diese Wünsche verwirklichen können. Vielleicht haben unsere Kritiker heute sogar recht, wenn sie uns sagen, dieses oder jenes Ziel läge außerhalb unserer Fähigkeiten. Das heißt allerdings nicht, dass das morgen auch noch so sein muss. Wir können lernen und wir können uns weiterentwickeln. Wir können uns genau die Fähigkeiten aneignen, mit deren Hilfe wir die gesteckten Ziele erreichen können.

Focused Thinking: Nehmen Sie die Veränderung in die Hand

Sagen Sie sich oft „Ich bin halt so" oder „Ich kann mich nicht ändern"? In Wahrheit ändern Sie sich tatsächlich dennoch, aber ohne Ihr Zutun. Jede negative Erfahrung führt Sie dazu, Ihr Verhalten und Empfinden zu verändern. Wenn Sie einen Job haben, der nicht das Richtige für Sie ist, dann werden sie ihn als Erstes immer weniger mögen. Später wird es immer unangenehmer, zur Arbeit zu gehen. Sie werden Ihr Verhalten ändern, um den Job erträglicher zu machen. Und Sie werden versuchen, sich den Job schönzureden und vor sich zu rechtfertigen, warum Sie sich nichts Neues Suchen. Eine negative Veränderung macht man also eher unbewusst und zwangsläufig durch. Je länger man sich vor der Veränderung scheut, desto schlechter wird es. Wäre es dann also nicht sinnvoller, sich bewusst und positiv zu verändern?

In Kindheit und Jugend konnten wir alles lernen, was von uns verlangt wurde oder was wir selbst wollten. Was hat sich seitdem geändert? Sollten Sie aus irgendeinem Grund davon überzeugt sein, dass sich Ihr Leben durch Yoga verändern wird, dann werden Sie zunächst alles tun, um Yoga zu lernen. Sie kaufen sich Bücher oder DVDs, Sie machen einen Kurs und versuchen, diese Übungen hinzubekommen. Hier wollen Sie also etwas erreichen, wissen was Sie erreichen wollen und wie Sie es lernen können. Warum sollte das nicht bei allem anderen auch gehen? Informieren Sie sich, machen Sie einen Kurs und versuchen Sie es hinzubekommen, auch wenn es nicht sofort klappt. Aber prüfen Sie, ob es Sie wirklich weiterbringt, sonst geben Sie wie viele andere Ihren Yoga-Versuch schnell wieder auf.

8.5 Zusammenfassung des Kapitels

Wir sind durch unsere ganz individuelle Mischung an Eigenschaften und Erfahrungen einzigartig und entwickeln uns ständig weiter. Wir verändern unsere Fähigkeiten, um unsere Ziele schneller und leichter erreichen zu können. Optionen, die heute außerhalb unserer Reichweite liegen, können wir morgen durchaus wahrnehmen, wenn wir an uns arbeiten. Auf dem Weg zur Realisierung unserer Wünsche werden wir selbst stärker, kompetenter und selbstbewusster. Wir werden uns mehr zutrauen, weil wir erlebt haben, dass wir zu viel mehr fähig sind, als wir immer gedacht haben. Statt Opfer zu sein und abzuwarten, was das Leben für uns noch alles geplant hat, werden wir aktiv und nehmen die Dinge selbst in die Hand. So realisieren wir unsere Wünsche und erreichen unsere Ziele.

8.6 Übungen zur Zielerreichung

8.6.1 Praktische Übung 1

Versuchen Sie, alte Routinen durch neue zu ersetzen: Wenn Sie beispielsweise mit dem Rauchen aufhören wollen, aber an bestimmte Rituale gewohnt sind, etwa nach dem Essen eine Zigarette zu rauchen, so können Sie beispielsweise stattdessen einen Kaugummi kauen oder einen Kaffee trinken. Wenn Sie das Spiel der Finger mit der Zigarette vermissen, stecken Sie sich einen Kugelschreiber ein, mit dem Sie spielen können. Wenn Sie sich jeden Morgen über den bevorstehenden Arbeitstag beklagen, bedanken Sie sich stattdessen für all die kleinen, guten Dinge, die Ihnen heute begegnen werden (der nette Kollege, die heiße Tasse Kaffee in der Kantine etc.). Am Anfang fällt das natürlich erst einmal recht schwer und ist vielleicht sogar ein wenig albern. Wir müssen ja unser Programm überschreiben, und unser innerer Schweinehund fängt natürlich sofort an zu lästern, wenn wir uns für unseren tollen Job bedanken, der uns fast täglich an den Rande des Nervenzusammenbruchs treibt. Aber genau dies ist der Punkt: Mit der Verhaltensänderung geht eine Veränderung der Wahrnehmung einher. Weil wir uns anders verhalten, reagiert unser Umfeld anders auf uns, und das wiederum nehmen wir positiv wahr, was wiederum eine Verhaltensänderung bei uns auslöst, etc.

Nehmen Sie sich eine ganz konkrete Handlungsroutine vor und verändern Sie diese bewusst. Das könnte beispielsweise das erwähnte Sich-über-den-Job-beklagen sein. Sobald sich diese Routine einstellt und Sie am liebsten gleich losschreien würden, denken Sie ausschließlich an die Vorteile:

* pünktliche Gehaltszahlungen und/oder
* Kollegen und/oder
* Urlaubstage und/oder
* Kantine und/oder
* Personalrabatte etc.

Wichtig bei Veränderungsprozessen (in größeren Organisationen wie auch im eigenen Bekanntenkreis) ist es auch, die sogenannten „Multiplikatoren", die Meinungsbildner, zu überzeugen. Das kann man sich ruhig eine Kleinigkeit kosten lassen (Zeit, Mühe, eine Einladung zum Kaffee etc.), da der Effekt bei Erfolg tatsächlich multipliziert wird. Hier ist es wichtig, nicht unbedingt mit den Personen anzufangen, die komplett gegen die Veränderung sind, sondern sich Personen auszusuchen, die der Neuerung zumindest halbwegs offen gegenüberstehen. Je mehr Meinungsbildner wir von dem Projekt überzeugen können, desto leichter wird es uns fallen, weitere Menschen von der Idee zu überzeugen (denken Sie daran: Menschen sind Herdentiere). Im Prinzip gilt das Gleiche für uns selbst: Wenn wir aufhören wollen zu rauchen, ist der Versuch erst dann sinnvoll, wenn wir einen tatsächlichen Nutzen – einen tieferen Sinn – darin sehen, der so bedeutend ist, dass er gegenüber den vermeintlich positiven Seiten des Rauchens überwiegt. Zwang führt hier meist nicht zu einem positiven Ergebnis. Ganz sicher wird es uns aber schwerer fallen, unsere Ziele zu erreichen, wenn wir von deren Sinn nicht vollständig überzeugt sind. Aktive Unterstützung durch andere Menschen ist bei solchen Veränderungen sehr willkommen und manchmal auch notwendig, um die gesteckten Ziele erreichen zu können. Versuchen Sie also die „wichtigen" Leute auf Ihre Seite zu ziehen.

8.6.2 Praktische Übung 2

Laden Sie die aufgeschlosseneren unter Ihren Bekannten doch zum Kaffee oder einem Glas Wein ein und berichten Sie von Ihrem Vorhaben. Reden Sie über Ihre Ziele und wie Sie diese erreichen wollen.

Sorgen Sie für eine gewisse Dringlichkeit. Veränderungsprozesse sind erfolgreicher, wenn es Zeitdruck gibt. Wenn man vom Arzt gesagt bekommt, man müsse sofort mit dem Rauchen aufhören, um gravierende gesundheitliche Folgen zu vermeiden, hat dies eine andere Dringlichkeit, als wenn man gesagt bekommt, dass das Rauchen schädlich ist und, sich möglicherweise irgendwann einmal gesundheitliche Probleme ergeben, wenn man nicht damit aufhört. In Firmen wird dies als „Sense of Urgency" bezeichnet. Man will die Veränderung möglichst schnell einleiten, um Kosten und andere negative Effekte gering zu halten.

8.6.3 Praktische Übung 3

Erstellen Sie eine Liste mit all den negativen Effekten und Kosten, die auf Sie zukommen würden, wenn Sie bestimmte

Projekte weiter auf die lange Bank schieben. Dies funktioniert bei Vorhaben wie mit dem Rauchen aufhören zu wollen, aber natürlich auch bei allen anderen Zielen. Es gibt immer Kosten und Nutzen.

Literatur

Verwendete Literatur

Hickok G (2015) Warum wir verstehen, was andere fühlen: Der Mythos der Spiegelneuronen. Übersetzt von Elsbeth Ranke. Carl Hanser, München

Rost W (2005) Emotionen. Elixiere des Lebens. Springer, Berlin/Heidelberg

Weiterführende Literatur

Rifkin J (2010) Die empathische Zivilisation: Wege zu einem globalen Bewusstsein. Campus-Verlag, Frankfurt/New York

9

Unternehmensziele versus private Ziele

9.1 Was Sie in diesem Kapitel erwartet

Es geht hier noch einmal darum, wie man Ziele definiert.
Für Unternehmen ist die Definition von Zielen selbstverständlich. Das Wissen aus diesem Bereich kann man auch
sehr gut für sich privat nutzen. In diesem Kapitel geht es
also um eine Übertragung von Firmenzielen und Visionen
auf den privaten Bereich. Firmen definieren Ziele auf allen
möglichen Ebenen und synchronisieren diese Teilziele mit
der großen Vision. Wir definieren auch den Unterschied
zwischen einer übergeordneten Vision und einzelnen Zielen.

9.2 Zielvereinbarungen in Unternehmen versus Lebensziele

Natürlich sind Zielvereinbarungen in Unternehmen zuerst
einmal grundverschieden von unseren ganz privaten kleinen
und großen Lebenszielen. Zielevorgaben innerhalb von Organisationen, die oft an Bonuszahlungen und/oder Bewertungen der jeweiligen Mitarbeiter gebunden sind, sollten

© Springer-Verlag Berlin Heidelberg 2016
P. Postinett et al., *Das Happy Life Construction Manual*,
DOI 10.1007/978-3-662-49436-3_9

193

immer (mit einiger Anstrengung) erreichbar sein (s. auch Kehr und Schattke 2015). Man spricht auch von SMART-Zielen. SMART ist das englische Akronym für:

* **S**pecific (spezifisch),
* **M**easurable (messbar),
* **A**chievable (erreichbar),
* **R**elevant/Realistic (relevant/realistisch),
* **T**imed (terminiert).

Außerhalb von Unternehmen und professionellen Projektteams (Familien, Partnerschaften, Interessengemeinschaften etc.) würde ich noch ein „Vereinbart" hinzufügen. Ziele, die nur von einer Seite beschlossen werden, werden oft von der anderen Seite nicht akzeptiert oder nicht ernst genommen.

Man unterscheidet dabei zwischen Zielen des Unternehmens, der Abteilung und persönlichen Zielen. Selbstverständlich ordnen sich alle diese Zielvereinbarungen der grundsätzlichen Unternehmensstrategie unter und unterstützen bei deren Umsetzung. Ein Unternehmensziel könnte also beispielsweise eine Erfolgsbeteiligung beinhalten, wenn das Ziel, 5 % mehr Umsatz zu generieren, erreicht wird, neue Marktanteile generiert wurden oder der EBIT um einen entsprechenden Prozentsatz gesteigert wurde. Abteilungsziele unterstützen die strategischen Unternehmensziele. Auf diese Art und Weise erfolgt eine Koordination verschiedener Abteilungen, die so für das große Ziel zusammenarbeiten, obwohl die Abteilungsziele selbstverständlich der Abteilungsmission angepasst sind. Die persönlichen Ziele unterstützen die individuelle Performance des Mitarbeiters in Hinblick auf die Abteilungsziele. Ein persönliches Ziel eines Mitarbeiters in einer Exportabteilung innerhalb eines Unternehmens, welches nach China expandieren möchte, könnte beispielsweise lauten, Chinesisch zu lernen.

Die grundsätzlichen Unterschiede von Unternehmenszielen und persönlichen Lebenszielen sind zum einen *wer* uns die Ziele vorgibt: wir selbst oder jemand anders (Vorgesetzter)? Zum anderen *wie* eine Bewertung der Zielerreichung stattfindet: In Unternehmen sind die Ziele im Allgemeinen weniger ambitioniert. Der Grund liegt in der Motivation der Mitarbeiter. Da die Ziele von außen vorgegeben werden, ist eine Identifikation der Menschen mit diesen Zielen in der Regel geringer als mit Zielen, die man sich selbst aussucht und als persönliches Lebensziel anerkennt. Unternehmensziele haben die Entwicklung der jeweiligen Organisation im Fokus, während persönliche Ziele ganz auf Selbstverwirklichung ausgelegt sind.

Aber: Wäre es nicht möglich, Ziele in Unternehmen mit persönlichen Lebenszielen zu synchronisieren und somit eine wesentlich höhere Ebene der Identifikation mit diesen Zielen bei den Mitarbeitern zu erreichen? So könnte man die Leistung der Mitarbeiter durch eine höhere Motivation deutlich erhöhen. Wenn man sich Menschen anschaut, die es geschafft haben, ihr Hobby (ihre Leidenschaft) zum Beruf zu machen, so sind diese Menschen in der Regel wesentlich erfolgreicher als diejenigen, die sich jeden Morgen zur Arbeit quälen. Im Prinzip wäre es durchaus möglich, hier mehrere Fliegen mit einer Klappe zu schlagen und Arbeits- und Privatleben effektiv miteinander zu verknüpfen. Unternehmen könnten beispielsweise ihre Mitarbeiter anleiten, sich über Ziele Gedanken zu machen, und sogar Techniken vermitteln, die dies unterstützen. Die identifizierten Ziele können danach mit den Unternehmens- und Abteilungszielen abgeglichen und verbunden werden. Wenn ein persönliches Ziel beispielsweise ist, Spanisch zu lernen, kann man in der Firma überlegen, ob dies auch eine nützliche Eigenschaft innerhalb der Unternehmensorganisation ist, und entsprechend den Mitarbeiter auf seinem ganz privaten Weg unterstützen. Einen Nutzen hat sowohl der betreffende Angestellte als auch das Unternehmen.

Andersherum können auch Unternehmen Techniken zur Zieldefinition und Zielerreichung aus dem privaten Bereich nutzen. Eine Abteilung kann ihre Ziele durchaus auf einem Ziel- oder Visionboard visuell darstellen und so für die Mitarbeiter wesentlich „greifbarer" machen. Wir alle können uns überlegen, welche Möglichkeiten es für uns gibt, unsere Hobbys und das, was wir gerne tun, zu unserem Beruf zu machen. Vor einiger Zeit gab es eine Serie im spanischen Fernsehen, in der es um genau diese Fragestellung ging. Hier wurde beispielsweise von einer Frau berichtet, die gerne mit ihrem Hund spazieren geht. Als diese Frau dann arbeitslos wurde, hat sie im Bekanntenkreis angeboten für Geld mit den Hunden der Bekannten ausgiebig spazieren zu gehen. Die Freunde waren begeistert und haben sie weiterempfohlen. Zum Zeitpunkt der Reportage hatte die Frau eine eigene Firma mit 30 Angestellten, die den Service anbietet, mit Hunden spazieren zu gehen.

Der Erfolg liegt im Glauben, es tun zu können, und in der Arbeit und dem Mut, es zu versuchen. Als Arbeitsloser hat man selbstverständlich weniger zu verlieren, aber im Grunde darf das keine Ausrede sein. Wenn wir uns vorstellen können, unser Ziel zu erreichen, dann werden wir unser Ziel erreichen. Wenn wir jeden Tag das Beste geben, wird diese Leistung irgendwann zu uns zurückkehren. Sie wird gewürdigt werden, und wir werden unsere Ziele erreichen oder ihnen zumindest einen großen Schritt näherkommen.

9.3 Visionen in Unternehmen versus persönliche Visionen

Die meisten Unternehmen haben eine sogenannte Vision, ein großes, positiv formuliertes und motivierendes Fernziel, ein allen gemeinsames Leitbild. An diesem großen Ziel orientiert sich das ganze Unternehmen wie Schiffe an einem Leuchtturm. Die Unternehmensführung und die Mitarbeiter können so ihre Handlungen und Aufgaben auf ein gemeinsames Ziel hin ausrichten. Die verschiedenen Abteilungen können sich untereinander koordinieren, um die Vision des Unternehmens Stück für Stück wahr werden zu lassen.

Diese Unternehmensvision wird auch zu Marketingzwecken genutzt. Sie transportiert eine klare Nachricht an Konsumenten, Angestellte und Partner: „Das ist es, was wir sind!" oder „Dieses Ziel streben wir an!". Ausgangspunkt für die Entwicklung eines solchen Leitbildes sind oft die sogenannten Unternehmenswerte. Was sind die Kernkompetenzen des Unternehmens, was kann es am besten, was (Produkte, Märkte etc.) will es tun? Auf Basis eines Zielfindungsprozesses wird dann die Unternehmensvision geschaffen. So hat beispielsweise Audi auf seiner Webseite die Vision „Audi – die Premiummarke". Das Unternehmen will die weltweit führende Marke im Premiumsegment bei den Automobilen sein.

Dies ist ein glasklar definiertes Ziel, auf welches das Unternehmen als Ganzes ausgerichtet werden kann. Entscheidungen können auf dieses Fernziel hin abgestimmt werden, und dabei ist es viel mehr als „nur" ein wirtschaftliches Ziel. Zum Beispiel kann mithilfe dieser Richtungsvorgabe eine entsprechende Fachabteilung entscheiden, ob man besser die qualitativ hochwertige oder die preisgünstigere Komponente kauft. Die gesamte Unternehmensstrategie wird auf dieses Fernziel, auf diese Vision ausgerichtet. Die Organisation arbeitet auf dieses Ziel hin und prüft Entscheidungen im Tagesgeschäft im Hinblick darauf, ob diese das große Ziel unterstützen oder dem im Wege stehen. Das Leitbild koordiniert die Aktivitäten im Unternehmen. Aus dieser Vision werden dann, wie in Kap. 7 beschrieben, weitere Handlungsschritte abgeleitet (Mission, Strategie, Maßnahmenplan).

Man muss aber nicht der Geschäftsführer eines Konzerns sein, um eine solche Vision zu entwickeln und zu nutzen. Jeder von uns kann sich ein solches Fernziel stecken und sein Handeln auf die Zielerreichung auslegen. Wir erschaffen uns so eine Handlungsdirektive, die uns ermöglicht, zu entscheiden, welche der zur Verfügung stehenden Alternativen uns dabei unterstützt, unsere Vision in die Tat umzusetzen. Wir sind dadurch aber nicht nur in der Lage, Entscheidungen leichter zu treffen, wir können auch leichter aktiv werden, anstatt nur zu reagieren. Wir können uns ganz bewusst auf die Suche nach Chancen und Möglichkeiten machen, die uns helfen, unsere Ziele zu verwirklichen. Wir können uns Unterstützung suchen, weil wir wissen, was wir brauchen und wohin wir wollen.

Man braucht auf der Suche nach Werkzeugen nicht immer das Rad neu zu erfinden. Viele Dinge, die im Großen (Unternehmen) funktionieren, funktionieren auch im privaten Bereich. Man kann sich gerade bei Zielvereinbarungen, Veränderungsmanagement, Motivationsstrategien und Maßnahmen zur Zielerreichung einiges bei den Unternehmen abgucken. Diese beschäftigen sich schließlich sehr intensiv mit dieser Thematik und wenden dabei zum Teil erhebliche Mittel auf. Die meisten Checklisten lassen sich, mit kleinen Anpassungen, auch auf den privaten Bereich übertragen und dann entsprechend abarbeiten. Beispiele für alle möglichen Checklisten findet man beispielsweise unter: http://checkliste.de/, http://www.checklisten.de/.

9.4   Zusammenfassung des Kapitels

Unternehmen machen uns bei der Definition von Zielen und Strategien, wie man diese Ziele erreichen kann vor, wie es geht. Wir brauchen das sprichwörtliche Rat nicht immer völlig neu zu erfinden. Oft kann man erprobte Strategien übernehmen und für den persönlichen Gebrauch anpassen. Viele haben bereits in ihren Unternehmen einen ersten Kontakt mit Zieldefinition und Zielerreichungsstrategien erhalten. Es ist also relativ einfach, diese Vorgehensweise auch auf den privaten Bereich zu übertragen. Anstatt verschiedene Abteilungen mit den übergeordneten Zielen zu synchronisieren, können wir im privaten Bereich ebenfalls unseren Einkauf, unsere Trainings und Schulungen und –

wenn es sich um gemeinsame Ziele handelt – auch die anderen Familienmitglieder, Geschäftspartner und sonstigen Beteiligten mit diesen Zielen synchronisieren.

Es gibt gerade im professionellen Bereich sehr viele Beispiele und Checklisten, die man recht einfach auf die privaten Bedürfnisse anpassen und nutzen kann. Das große private Ziel ist dabei vergleichbar mit der „Vision" und kleinere Ziele ergänzen die Vision. Die Herangehensweise ist die Strategie oder Mission.

9.5 Übungen zur Zielerreichung

9.5.1 Praktische Übung 1

Wenn Ihr übergeordnetes Ziel beispielsweise lautet, mehr Zeit mit der Familie zu verbringen, können die einzelnen „Abteilungen" des Haushalts (der Familie) eigene Ziele haben, die das Gesamtziel unterstützen. Die Kinder gehen mit dem Hund raus, die Eltern teilen sich die Wäsche und den Hausputz und der Hund holt die Zeitung rein.

Überlegen Sie gemeinsam mit eventuell Beteiligten (Familie, Lebens- oder Geschäftspartner, Freunde etc.) welche gemeinsamen Anstrengungen zur Zielerreichung hilfreich sein könnten. Wer hat welche Fähigkeiten und wie können diese Fähigkeiten am besten eingesetzt werden?

9.5.2 Praktische Übung 2

Ein schriftlich und verbindlich vereinbarter Plan hilft bei der Einhaltung der Teilziele und dabei, das große Ziel

(„mehr Zeit zusammen verbringen") nicht aus den Augen zu verlieren. Erstellen Sie einen Plan mit den in Übung 1 vereinbarten Aktionen.

Literatur

Kehr HM, Schattke K. Motivationsmanagement in der mit-arbeiterorientierten Unternehmensführung. Technische Universität München. http://www.psy.lmu.de/soz/studium/downloads_folien/ws_09_10/muf_09_10/muf_schattke_0910.pdf. Zugegriffen: 10.11.2015

http://www.audi.com/corporate/de/unternehmen/unternehmensstrategie.html. Zugegriffen: 04/2014

10

Epilog: Wir haben die Wahl

Wir haben wirklich und tatsächlich die Wahl, wie wir leben wollen. Wir wählen jeden Tag, ob wir so wie bisher weitermachen wollen: mit dem gleichen Partner zusammen bleiben möchten, genau diesen Job weiterhin haben wollen und in dieser Stadt leben möchten. Die meisten Menschen glauben das jedoch nicht. Viele Menschen, mit denen ich während eines Projektes, eines Seminares oder im Rahmen von Mitarbeitergesprächen gesprochen habe, sind der festen Überzeugung, sie hätten keine Wahl. Man geht nicht mehr wählen, weil es ja sowieso egal ist, wer letztendlich die Wahl gewinnt. Man hört nicht auf zu rauchen, weil es egal ist, woran man stirbt. Wir bleiben bei diesem Partner, obwohl man sich nichts mehr zu sagen hat, weil es egal ist, wen man anschweigt. Wir bleiben bei diesem Arbeitgeber, weil es bequem ist, weil wir schon seit 20 Jahren dort arbeiten und weil wir uns mittlerweile gar nicht mehr vorstellen können, etwas anderes zu tun. Darüber hinaus sehen die meisten Menschen auch nur die Probleme, die eine Änderung wahrscheinlich mit sich bringen würde und fühlen sich diesen Hindernissen nicht gewachsen, oder sie sind einfach zu bequem, den Kampf aufzunehmen. Das Risiko ist auf den ersten Blick zu hoch, der Einsatz lohnt sich nicht.

© Springer-Verlag Berlin Heidelberg 2016
P. Postinett et al., *Das Happy Life Construction Manual*,
DOI 10.1007/978-3-662-49436-3_10

Doch das ist falsch. Wir haben immer eine Wahl. Unsere lebenslange Konditionierung innerhalb der Gesellschaft will uns etwas anderes glauben machen. Dennoch haben wir selbst die Möglichkeit, unser eigenes Leben zu leben, wir selbst zu sein und unsere eigenen Ziele zu verfolgen, oder einfach das zu tun, was andere Menschen von uns erwarten (oder zumindest, was wir glauben, was andere Menschen erwarten).

Wir lernen von frühster Kindheit an Erwartungen, die teilweise völlig fremde Menschen an uns haben, zu analysieren und diesen Erwartungen in bestmöglicher Weise zu entsprechen. Im Kindergarten, in der Schule, in der Ausbildung und im Studium, später dann in unserer Arbeit orientieren wir uns an Wünschen anderer Menschen. Vorgesetzte, Lehrer, Kunden, Partner und sonstige Persönlichkeiten formen uns wie einen Pizzateig zu dem, was wir heute sehen, wenn wir in den Spiegel schauen. Hand aufs Herz: Wie viel Zeit haben Sie bisher damit zugebracht, herauszufinden, was andere Menschen von Ihnen wollen, und wie viel Zeit haben Sie in Strategien investiert, die genau diese Erfüllung fremder Erwartungshaltungen zum Ziel hatten? Und jetzt überlegen Sie sich doch einmal, wie viel Zeit Sie damit verbracht haben herauszufinden, was Sie selbst wollen und wie Sie Ihre eigenen Ziele in die Tat umsetzen können? In der Regel dürfte das Verhältnis ganz stark zugunsten der Erwartungsbefriedigung anderer Menschen ausfallen. Im Prinzip leben wir nicht unser Leben, sondern wir leben ein Leben, welches durch Erwartungshaltungen anderer Menschen geformt und bestimmt wird.

Focused Thinking: Fangen Sie an und bleiben Sie auf Kurs

Der beste Zeitpunkt, den Kurs zu ändern, war vor vielen Jahren, der zweitbeste Zeitpunkt, ihn zu ändern, ist jetzt. Holen Sie doch einmal die Kristallkugel aus dem Schrank und versuchen Sie, Ihr Leben in vielleicht 5 oder 10 Jahren zu sehen, wenn sich nichts ändert, wenn alles so weitergeht wie bisher. Danach sehen Sie auf Ihr Wunschboard und stellen sich vor, wie Ihr Leben aussehen würde, wenn einige (oder sogar die meisten) der dort angehefteten Wünsche in Erfüllung gegangen wären. Wofür entscheiden Sie sich? Soll es das Leben sein, welches andere Leute für Sie geplant haben, in dem Sie Verpflichtungen nachkommen, die Sie notgedrungen oder aus Bequemlichkeit eingegangen sind. Oder entscheiden Sie sich, Ihr Leben zu führen – so, wie Sie es sich einmal vorgestellt haben? Wir haben immer wieder die Wahl.

Beginnen Sie jetzt, lassen Sie sich nicht irritieren, lernen Sie aus Rückschlägen und verbessern Sie Ihre Ziele und Ihr Leben immer weiter.

Leben Sie ihr eigenes Leben! Sie finden alles, was dazu notwendig ist, in sich selbst. Nutzen Sie Ihre Talente, und wenn diese nicht ausreichen sollten, entwickeln Sie neue Talente, die Ihnen bei der Erreichung der von Ihnen gesetzten Ziele behilflich sind. Sie sind der Architekt und Schöpfer Ihres Lebens und nur Sie bestimmen, was Ihre eigene Realität sein soll. Sie werden sich zu genau dem Menschen entwickeln, der fähig ist, die allermeisten Ziele auch umzusetzen. Das Happy-Life-Construction-Manual wird Sie auf diesem Weg begleiten und Ihnen wertvolle Hinweise und Anregungen geben. Den Weg gehen müssen aber Sie. Wir wünschen Ihnen hierbei alles Gute!

11

Focused Thinking kompakt

Für die weitere Arbeit mit dem Buch, aber vor allem für die dauerhafte Umsetzung im Alltag soll dieses Kapitel die Kerngedanken des Focused Thinking zusammenfassen. Jeder Kerngedanke wird nochmals kurz erläutert:

Seien Sie achtsam	Leben Sie Ihr Leben nicht unbewusst und als Reflex Ihrer Vergangenheit. Machen Sie sich Ihre Situation immer bewusst, indem Sie Ihre Gefühle, Ihre Gedanken und Ihr Verhalten beobachten. Analysieren Sie, was Sie fühlen, denken und tun, und überlegen Sie, wie Sie alternativ fühlen, denken und handeln könnten.
Jetzt sofort und hier	Vergessen Sie, was früher war und was später passieren könnte. Um etwas zu verändern zählt nur, was Sie jetzt gerade tun oder nicht tun. Die Vergangenheit können Sie nicht ändern, und sie ist schon längst egal. Warten Sie nicht auf etwas in der Zukunft, was ohne Ihr Zutun *jetzt* nicht passieren wird.

© Springer-Verlag Berlin Heidelberg 2016
P. Postinett et al., *Das Happy Life Construction Manual*,
DOI 10.1007/978-3-662-49436-3_11

a.

Sie haben es in der Hand	Unser Leben ist nicht vorherbestimmt oder von anderen abhängig. Was Sie sich vorstellen können, können Sie auch erreichen. Zuallererst hängt es davon ab, ob Sie es in die Hand nehmen, ob Sie bereit sind, Notwendiges zu lernen und Erforderliches zu tun. Aber ohne, dass Sie es in Angriff nehmen, scheitern Sie nicht an Hindernissen, sondern nur an sich selbst.
Seien Sie mutig	Haben Sie keine Angst vor Fehlern. Nichts klappt auf Anhieb und problemlos. Es ist eine Illusion, dass alles „perfekt" laufen muss. Mutig bedeutet nicht leichtsinnig. Rechnen Sie damit, dass etwas schiefgeht und lernen Sie daraus. Keine Fehler zu machen bedeutet meistens einfach nur, sich nichts getraut zu haben.
Haben Sie ein gutes Gefühl!?	Wenn Sie sich für etwas entscheiden und etwas tun, achten Sie nicht nur darauf, dass es gute Gründe dafür gibt, sondern auch, dass Sie ein gutes Gefühl dabei haben. Wenn Sie eine gute Sache machen, aber keine Lust darauf haben, dann ist es nicht das Richtige für Sie. Ihr Gefühl sagt Ihnen auf Basis Ihrer Erfahrungen, was zu Ihnen passt. Bringen Sie Kopf und Herz zusammen.

b.

Vorsicht vor Konstruiertem	Wir konstruieren unsere Realität selbst. Wir ergänzen Annahmen, wir fügen Bewertungen hinzu, wir füllen Lücken mit Vermutungen. Auch die Gesellschaft konstruiert Normen, Werte und Regeln. Weil alle das tun, scheint es Gesetz zu sein. Hinterfragen Sie, was Sie denken und was andere sagen – ist wirklich alles so, wie wir bisher gedacht haben?
Überwinden Sie Ihre Prägung	Unser ganzes Leben hat uns geprägt. Unsere Erfahrungen und was wir gelernt haben, wurde zu Automatismen, die wir nicht mehr bemerken. Wir passen uns an unser Umfeld an, ohne es zu merken. Wir werden aufgefordert, uns angepasst zu verhalten – was aber in der Regel nur den anderen nützt. Achten Sie auf Prägungen und versuchen Sie, sie zu überwinden.
Denken Sie anders	Prüfen Sie Ihr bisheriges Denken: Sehen Sie zu viele Wände und zu wenige Türen? Suchen Sie einen Weg ohne jegliche Probleme? Fangen Sie an, Probleme als selbstverständlich zu sehen. Schrecken Sie nicht davor zurück, sondern verwenden Sie Ihre Zeit für die Lösung von Problem und nicht für das endlose Ausweichen vor Problemen.

c.

Was wollen Sie?	Wissen Sie überhaupt was Sie wollen? Die wenigsten Menschen können diese Fragen aus dem Stehgreif beantworten. Und wissen Sie, was Sie *wirklich* wollen? Die meisten Menschen wollen das Gleiche, weil sie danach streben, was in der Gesellschaft als gut gilt. Aber Vorsicht: Erstens wissen Sie nicht, ob Sie das wirklich glücklich machen und zweitens hat man nie genug erreicht, weil es immer noch mehr Geld, noch mehr Erfolg, noch mehr Dinge gibt. Was wollen Sie wirklich?
Wir lernen nur, was nicht geht	Ihnen fallen nur Dinge ein, die nicht gehen? Ihre eigentlichen Wünsche sind nur Träume? Achten Sie darauf: Wir sind alle brav dazu erzogen zu funktionieren. Sie funktionieren aus Sicht der Gesellschaft, aber nicht, wenn Sie Ihr eigenes Ding machen. Wir lernen ständig, was wir tun und nicht tun sollen. Und wenn wir etwas anderes wagen, dann hagelt es Kritik. Prüfen Sie selbst, was geht und was nicht.
Was bringt mich weiter?	Wenn Sie wissen, was Ihre Ziele sind, dann überlegen Sie sich, was Sie weiterbringt. Probleme und Konflikte sind nicht zu vermeiden. Wenn Sie vor einer Entscheidung stehen, dann setzen Sie Prioritäten. Wählen Sie die Option, die Sie Ihrem Ziel näherbringt. Wenn klar ist, wo Sie hinwollen, ist auch klar, wie Sie dort hinkommen. Prüfen Sie Ihre Entscheidungen im Hinblick darauf, ob sie Sie weiterbringen.
Sorgen sind sinnlos	Sorgen sind Ängste und Befürchtungen, was passieren *könnte*. Im Nachhinein stellen Sie sich größtenteils als unberechtigt heraus. Prüfen Sie Ihre Sorgen darauf, wie wahrscheinlich Sie sind. Wahrscheinliche Probleme sollten Sie angehen, unwahrscheinliche vergessen. Achten Sie darauf, sich nicht alles Mögliche ausmalen. Die meisten Szenarien sind absolut unrealistisch. Prüfen Sie sofort, ob eine Sorge berechtigt ist oder nicht, bevor Sie sich etwas ausmalen.

d.

Warum will ich etwas?	Wissen Sie warum Sie das tun, was Sie bisher immer getan haben? Wahrscheinlich nicht. Wir haben gelernt zu funktionieren. Machen Sie sich die „Warums" klar. Das „Warum", die Gründe für unser Handeln, zeigen, was der Sinn unseres Handelns ist. Nur wenn Sie einen guten Grund haben, etwas zu tun, werden Sie es auch gerne und mit Hartnäckigkeit tun. Das „Warum" beschreibt Ihre Motivation. Wenn Sie es nicht kennen oder falsche Gründe haben, ist Ihre Motivation niedrig.
Es gibt keine absolute Sicherheit	In unsere Gesellschaft gibt es das Bedürfnis nach absoluter Sicherheit. Nichts darf passieren. Aber kann überhaupt alles sicher sein? Sicherheit ist ein zentrales Bedürfnis und eine große Illusion. Am sichersten ist es, nicht die Wohnung zu verlassen, aber dort ist man auch nicht sicher. Aber wenn man in der Wohnung bleibt, kann man fast nichts erreichen und erleben. Wagen Sie mehr – Sie müssen ja nicht gleich alles riskieren.

e.

Seien Sie dank-bar	„Danke" ist ein mächtiges Wort. Lernen Sie, sich für Dinge zu bedanken, die Sie haben. Ihnen fällt nichts ein? Genau darum geht es: Was wir haben, ist selbstverständlich, und wir freuen uns nicht mehr darüber. Nur bis wir es erreicht hatten, war es wertvoll. Aber so wird man nie zufrieden. Erst wenn man lernt zu achten und zu schätzen, was man erreicht hat, wird man glücklich.

f.

Achtung vor Bequemlichkeit	Etwas zu tun bedeutet Aufwand. Meist scheuen wir Aufwand und lassen lieber etwas sein, gerade wenn es ein größerer Aufwand ist. Die meisten Menschen bereuen am Sterbebett, nicht das getan zu haben, was sie wollten. So gut wie nichts fällt uns in den Schoß, wir müssen immer etwas dafür tun. Legen Sie los, wenn es sich lohnt, und verharren Sie nicht bei dem, was Sie schon haben, bloß weil es leichter ist.
Sie können sich nicht nicht ändern	Egal was Sie tun, Sie werden sich verändern. Entweder automatisch und gezwungenermaßen oder bewusst und aktiv. Wenn Sie unterlassen, was gut für Sie wäre, dann werden Sie unzufrieden, unglücklich, frustriert und resigniert. Wenn Sie aktiv werden, wird nicht alles klappen, aber mit jedem Schritt können Sie glücklicher werden. Also lassen Sie sich (ab)treiben oder schwimmen Sie?

g.

Schon der Start ist Ihr erster Erfolg	Natürlich weiß man am Anfang noch gar nicht, wie man anfangen soll und was man wirklich will. Aber allein schon damit zu beginnen ist Ihr erstes Ziel und Ihr erster Erfolg. Ziele zu überlegen, zu prüfen, zu verbessern, zu testen und zu optimieren ist keine lästige Vorarbeit, sondern der Kern der Sache. Ihr erstes Ziel ist zu beginnen, und das können Sie schon in einer Minute erreicht haben.
Entwerfen Sie Ihre Vision	Sammeln Sie Ihre Ziele, überlegen Sie, wo Sie hin wollen, machen Sie es konkret, überlegen Sie, was Sie nicht mehr wollen. Überlegen Sie, wie das konkret aussieht und wie Sie dahin kommen. Alles das zusammen ist Ihre große Vision. Setzen Sie kleine Dinge zu einem großen Ganzen zusammen und zerlegen Sie große Ziele in konkrete Schritte. Alles zusammen ergibt „das große Bild".

h.

Fangen Sie an und bleiben Sie auf Kurs	Der beste Zeitpunkt ist jetzt. Alle Zweifel haben keinen Sinn. Alles lassen, wie es ist, bringt Sie nicht weiter. Alle Kritik ist kein Hindernis. Wir scheitern nicht, wenn etwas schiefgeht, sondern wenn wir es gar nicht versucht haben. Fangen Sie an und lassen Sie sich nicht abbringen. Jeder Schritt zählt, jeder Rückschlag nützt, jeder Erfolg beflügelt. Sie haben die Wahl: Fangen Sie an und halten Sie durch!

Willkommen zu den Springer Alerts

Jetzt anmelden

* Unser Neuerscheinungs-Service für Sie:
  aktuell *** kostenlos *** passgenau *** flexibel

Springer veröffentlicht mehr als 5.500 wissenschaftliche Bücher jährlich in gedruckter Form. Mehr als 2.200 englischsprachige Zeitschriften und mehr als 120.000 eBooks und Referenzwerke sind auf unserer Online Plattform SpringerLink verfügbar. Seit seiner Gründung 1842 arbeitet Springer weltweit mit den hervorragendsten und anerkanntesten Wissenschaftlern zusammen, eine Partnerschaft, die auf Offenheit und gegenseitigem Vertrauen beruht.

Die SpringerAlerts sind der beste Weg, um über Neuentwicklungen im eigenen Fachgebiet auf dem Laufenden zu sein. Sie sind der/die Erste, der/die über neu erschienene Bücher informiert ist oder das Inhaltsverzeichnis des neuesten Zeitschriftenheftes erhält. Unser Service ist kostenlos, schnell und vor allem flexibel. Passen Sie die SpringerAlerts genau an Ihre Interessen und Ihren Bedarf an, um nur diejenigen Information zu erhalten, die Sie wirklich benötigen.

Mehr Infos unter: springer.com/alert

Printed in the United States
By Bookmasters